신춘문예 당선시집
2000

문학세계사

2000년
신춘문예 당선시집

〈시〉 김규진 김성용 박성우 이기인 이덕완 이승수
  정진경 조 정 최영신 최 운
〈시조〉 손정아 송필란 신수현 현상언

2000년 신춘문예 당선시집

◆차 례◆

〈시〉

김규진 ● 문화일보

〈당선작〉 집 속엔 길이 없다 · 14
〈신작시〉 새벽 望海寺에서 · 18 / 철봉 · 19 / 쥐들에게 무슨 잘못이 · 20 / 문득 보인다 · 22 / 秋分 · 24
〈당선소감〉 모든 것 바쳐 단 한 편의 좋은 시를… · 27
〈심사평〉 예술가 고단한 길 성공적으로 그려 · 28

김성용 ● 매일신문

〈당선작〉 의 자 · 30
〈신작시〉 틀니 · 32 / 어떤 죽음 · 34 / 그녀들을 뭐라 불러야 할까? · 36 / 어머니 혹은 담석증 · 38 / 그때 겨울 하늘이 · 39
〈당선소감〉 소외된 이들과 한울림 위해 정진할 터 · 41
〈심사평〉 삶의 수렁 파헤치는 역동감 돋보여 · 42

박성우 ● 중앙일보

〈당선작〉 거 미 · 46
〈신작시〉 달팽이가 지나간 길은 축축하다 · 48 / 감꽃 · 49 /
　　　　 개야도 김발 · 51 / 주술가 · 53 / 악연 · 54
〈당선소감〉 선생님, 제가 소주 한 잔 살랍니다 · 55
〈심사평〉 오랫동안 단련되어 온 만만찮은 습작의 무게 · 57

이기인 ● 경향신문

〈당선작〉 ㅎ방직공장의 소녀들 · 60
〈신작시〉 검은 글씨 엽서 · 62 / 빈 맥주병의 묘지 · 65 / 금산
　　　　 日記 · 68 / 할머니와 감자 · 71 / 가난으로 채워진 임
　　　　 산부 · 73
〈당선소감〉 누군가 지켜보고 있을 것 같아 · 75
〈심사평〉 존재하는 것의 외로움 잘 표현 · 77

이덕완 ● 대한매일

〈당선작〉 乾鳳寺 不二門 · 80
〈신작시〉 진공청소기를 돌리며 · 82 / 전당포 · 84 / 흑염소는
　　　　 울지 않았다 · 86 / 빗장 · 87 / 꼬리는 너무 쉽게 떨
　　　　 어졌다 · 88
〈당선소감〉 새천년엔 사랑과 희망을 벼리고 싶어 · 89
〈심사평〉 개운하고 세련된 맛 · 90

이승수 ● 동아일보

〈당선작〉 고 래 · 92
〈신작시〉 나는 진열중이다 · 94 / 흰 뱀이 흰 뱀에 물려 · 96 / 버릇 · 98 / 어떤 저녁은 코뿔소이다 · 100 / 장례식 정경 · 101
〈당선소감〉 슬픔의 힘이 내 詩의 자양분 · 103
〈심사평〉 발랄하고 열정적…될 성싶은 떡잎 · 105

정진경 ● 부산일보

〈당선작〉 알타미라 벽화 · 108
〈신작시〉 21세기, 입주를 앞두고 · 110 / 전송 번호 2000, 관창에게 · 111 / 나를 튕겨 보세요 · 112 / 허기진 눈 · 113 / 그녀의 눈에 닿는 세상은 · 114
〈당선소감〉 따뜻한 시선으로 세상을 헤집겠다 · 115
〈심사평〉 리듬이 출렁거리는, 구조를 빚는 힘 · 116

조 정 ● 한국일보

〈당선작〉 이발소 그림처럼 · 120
〈신작시〉 국립현대미술관의 태교 · 122 / 아주 오래된 책에서 · 124 / 세한도 · 125 / 예술의 전당 앞은 신호가 길다 · 126 / 고국 방문을 축하한다 · 128
〈당선소감〉 미지의 사원 안으로 첫발 내디딘 느낌 · 129
〈심사평〉 단조롭고 적막한 묘사가 잠언처럼 틀어박혀 · 130

최영신 ● 조선일보

〈당선작〉 우물 · 132
〈신작시〉 격언의 풍자 · 134 / 탱자나무 · 137 / 건널목과 문 · 139 / 틈과 틈 사이 · 141 / 산과 절 들어서다 · 144
〈당선소감〉 자신과 싸워 이긴 자에게만 내일이 있다 · 148
〈심사평〉 새 천년 여는 도전 정신 돋보여 · 149

최 운 ● 세계일보

〈당선작〉 낙엽 한 잎 · 152
〈신작시〉 소나기 · 154 / 그믐 · 155 / 그녀 이야기 · 156 / 풀꽃들이 바람을 흔든다 · 157 / 복권 한 장 · 159
〈당선소감〉 격려해주었던 벗들 있어 큰 위안 · 161
〈심사평〉 고달픈 삶 밝고 따뜻하게 그려 · 163

〈시조〉

손정아 ● 동아일보

〈당선작〉 그해 겨울, 蘇萊에서 · 168
〈신작시〉 화석 · 169 / 雲門山, 三溪里에서 · 170 / 幼年 일기 · 171 / 파라다이스 · 172 / 삶에 대한 조그마한 변명 · 173
〈당선소감〉 너무 부끄러워 숨고 싶은 심정 · 174
〈심사평〉 자연과 삶 진솔하게 묘사 · 176

송필란 ● 중앙일보

〈당선작〉 가자미 · 178
〈신작시〉 지하도에서의 하루 · 179 / 표본 나비 · 180 / 내 마음
의 지도 · 181 / 봄 · 183 / 밀레니엄 나무 · 184
〈당선소감〉 이론과 창작을 함께 내게 주어진 운명인듯 · 185
〈심사평〉 기교에 물들지 않은 문학적 진지성 돋보여 · 186

신수현 ● 대한매일

〈당선작〉 길 · 188
〈신작시〉 겨울나무에게 · 189 / 춤 · 190 / 월정사 팔각구층석
탑 · 191 / 네 눈 속에서만 나는 빛난다 · 192 / 시간
속에서 · 193
〈당선소감〉 내 몸속 심지 다 탈 때까지 정진 · 194
〈심사평〉 당선작 「길」 언어조탁능력 탁월 · 195

현상언 ● 조선일보

〈당선작〉 봄, 유년, 코카콜라 뚜껑 · 198
〈신작시〉 손톱을 깎으며 · 199 / 새벽의 빈 방 · 200 / 카페를
나서며 · 201 / 눈사람 만들기 · 202 / 이사갔음 신문
사절 · 203
〈당선소감〉 절망할수록 믿음을 가졌습니다 · 204
〈심사평〉 시조문학의 새물결 이끌 '젊은 피' · 205

신춘문예 당선시

김규진

1959년 전북 정읍 출생
중앙대 문예창작학과 졸업
중앙대 신문방송대학원 수료
방송계에서의 오랜 직장생활을 거쳐,
현재 벤처기업 운영
2000년 문화일보 신춘문예 시 당선
서울시 송파구 신천동 29-5 송파구청내
송파벤처타운 901 〈한우기술〉
E-mail : hanwootc@hanmail.net
Tel. 425-5370

● 문화일보 / 시
집 속엔 길이 없다

□ 문화일보 시 당선작

집 속엔 길이 없다

　　　　1
　　신발을 숨겨버리고
　　전화도 끊어 버리고
　　종일 집 속에서 뒹군다.
　　── 일찍이 출근하는 시인은 없었다.
　　숨쉬는 것은 오직 나와
　　베란다의 난초 몇 그루뿐.
　　내가 뒹구는 집을 꿈꿀 때
　　이 식물들은 떠나는 길을 꿈꿀까?

　　집은 하루 종일
　　수도꼭지로 마시고 솥과 냄비로 끓여내고
　　변기의 똥구멍으로 쏟아낸다.
　　── 우리 시대에 '존재의 집'은 철거되었다.
　　　　가격의 團地가 서 있을 뿐이다.

　　몇 개의 길들이 문을 두드린다.
　　난초잎 두어 개가 흔들렸으나
　　기척을 느끼지 못한 길들은 이내 돌아가 버린다.

열쇠의 구멍은 언제나 밖에 있다.
지친 나그네만이 그 문을 열 수 있다.

   2
기원전 588년
싯다르타는 길에서 태어났다.
그리고 길에서 죽었다.
기원전 4년
예수도 길에서 태어났다.
그리고 길 위에서 죽었다.
행복했으리라
존재의 집마저 짓지 않았던 그들은.

56번 도로
내 가슴속에 영원히 포장되지 않은 길.
칡넝쿨이 엉금엉금 기어나오는 비포장길을 달리다
낮술을 마신다.
목마름을 목마름으로 다스리기 위해

어데까지 가제예?

난데없는 주모의 물음.
마치 혜능에게 點心을 어디다 두었냐고 물었던 주모처럼.
낮술 때문에 길은 비틀거리고

   3
갑작스런 흐드득 흐드득 비
해발 1,300미터 구룡령 넘어가는 길.
비안개는 뿌리고, 차는 진창에 빠지고
──차를 버릴까?
   나는 아직도 쓸데없는 것들을 너무 많이 가지고 있다.
액셀을 북북 밟으며 간신히 한 굽이 돌아
아, 보았다.
끝도 없이 펼쳐진 연보라색 도라지꽃.
비안개 속에서
수천, 수만의 길을 열고 있던 꽃무리들.
하늘도 언덕도 뭉개버리고
비안개를 타고 놀며 저들끼리 축제를 벌이고 있던 꽃무리들.
함께 비안개를 타고 놀며
교접의 뿌리마저 내던져 버리고 싶던

산비탈의 꽃무리들.

  4
모든 길이 걸어 들어간 바닷가
물결에 몸을 맡긴 채 발을 씻는다.
넘어온 수많은 들과 산을 물 위에 띄워 보내며
꽃잎처럼 하나 둘.
또한 마음의 길까지도

아직 나에게도 길이 남아 있을까
나의 길은 아직도 나의 발자욱 소리를 기다리고 있을까?

친구에게 편지를 쓴다.
〈시인은 출근하지 않네
집 속엔 길이 없네
이리로 오게
이리 와 걸어가세
바다의 밑바닥을.
한번도 걷지 않은 가슴속의 황야를
다시는 돌아오지 않을 길을.〉

□ 신작시 5편

새벽 望海寺에서

새벽 속에 서서
바다를 바라본다.
절 하나도 바다를 바라본다.
새벽 속에 가부좌를 하고.
바다를 향한 유월의 언덕에는 지천으로 핀 망초꽃.
어떤 망초는 이미 바다를 제 꽃잎에 담았거나
바다를 담기 위해 꽃잎의 기지개를 펴고 있다.

그냥 서 있으면 보이는 바다를
震默은 왜 바다를 바라보라고 하였을까.

바다를 바라보았으므로
望海寺는 날아가 버렸다.

문득 공중으로 뛰쳐오른 해.
절 하나와 바다와 갯벌에 바지락거리며 돌아다니는
온갖 것들을 이글이글 비출 뿐.

* 望海寺 : 전라북도 심포 바닷가에 있는 절.
　震默 : 震默大師. 조선 인조 때의 고승.

철 봉

어머니는 나를 철봉에 매달아 놓았다.

한때 나의 놀이는 즐거웠지만
즐거움은 잠시
내가 손을 놓으려는 순간
누군가 짧게 소리쳤다.
발밑을 보라고.

발밑에 무엇이 있는지 보이지 않아
나는 지금도 이렇게 매달려 있다.
늘어가는 몸무게와
세끼의 밥과 식구들과 청구서와
온갖 것들을 주렁주렁 매달고.

어디선가 노랫소리 들린다.
자기 대신 자기의 온갖 것들을
걸어 놓고
걸어가는 사람의.

(악마 같은 누군가도 항상 속삭인다.
 괜찮아, 놓아봐.)

쥐들에게 무슨 잘못이

쥐들에게 무슨 잘못이 있는가.
무슨 잘못이 있어 항상 그렇게 쫓기는가.
번득이는 살의의 눈초리 속에서
그저 걷고 있을 뿐인 발자욱 속에서
왜 황급히 몸을 숨겨야 하는가.
단지 잿빛 가죽으로 던져졌을 뿐
먹여 살려야 할 식구들이 조금 많았을 뿐
덫에 치는 악몽을 떨치며
그들의 남은 양식을 조금 나누었을 뿐.
갈아 엎어야 할 한 평의 땅도
배불리 마실 우물 하나도 허락되지 않았기에
다른 방법이 없었기에
그래서 쥐들에게는 그것이 가장 정당한 방법이기에.

때로 분노의 밤이
수수밭을 쓰러뜨리고
고구마의 구근을 파헤칠지라도
그것은 농부의 분노와 똑같은 분노.
똑같은 분노를 지닌 농부와 쥐.

땅을 등진 농부들이
잿빛 얼굴로 지하철에 흔들릴 때
쥐들 역시 도시의 어둔 시궁창을 지쳐 헤맨다.
너무 작아 무게도 없이 할딱이는 심장으로
반짝이는 눈망울들을 향해
멀리 있는 그리운 밥상을 향해.
쥐들에게 무슨 잘못이 있는가.

문득 보인다

문득 보인다.
비좁은 전철 속 쐐기처럼 박혀 있는 내가
문득 보인다.
책상들 사이 가구처럼 얌전하게 놓여 있는 내가
문득 보인다.
술에 취해 비틀거리며 걷고 있는 내가
문득 보인다.
남의 배 위에 올라 헐떡이고 있는 내가

문득 보이지 않는다.
전철 속에서도
책상들 사이에서도
술병 속에서도
보이지 않는다.
문득
문득.

문득 보일까?
더 이상 눈뜰 수 없을 때
그렇게도 보이지 않던 나와

눈감아도 훤히 보이는 세상의 이편이.

낯선 눈동자들 아래
처음으로
눈부신 세상의 이편을 두리번거렸던 것처럼.
문득.

秋 分

이제
나는
나의
그림자다.

태양은 정수리에 박혀 있고
뜨거운 길 한가운데에 서서
나는 만져지지 않는 나날들을 더듬었다.
제비꽃에게도, 머리 산발한 엉겅퀴에게도
밤의 검뎅을 드나드는 굴뚝새에게도
나는 물음을 던졌었다.
왜 그들이 그곳에 있는지
그들의 노래가 무엇인지.

언제나 질주의 차량들이 노래를 끊으며 달려가고
나는 토막진 노래들을 어둠의 창안에 던져 넣었다.
노래가 불꽃이 되도록
불꽃이 스스로 노래하도록.

너무 많은 나날들이

어둠과 술에 버무려지고
가시의 숲에서 새들의 울음을 베고 잠들 때마다
때로
최초의 아침.
다시는 어두워지지 않을 아침을 보기도 했다.

그러나
이제
나는
나의
그림자다.

태양은 비낀 黃道 위에 있고
더듬이의 달팽이처럼
나는 黃道의 기운 길을 천천히 걸어갈 것이다.
낮에 열린 꽃들이 스르르 문을 닫고
새들의 날개, 소리 없이 떨어지고
노래의 긴 휘파람 소리 점점 멀어지는
비낀 黃道의 길을.

이제
나는
나의
그림자이므로.

□ 당선소감 · 김규진

모든 것 바쳐 단 한 편의 좋은 시를…

등단을 하지 않았다고 해서 시인이 아니지 않은 것처럼, 등단을 하였다고 해서 꼭 시인이 되는 것은 아니다.

시인은 전생애에 걸쳐 단 한 편의 좋은 시를 써야겠다는 마음으로 모든 것을 바쳐야 하며, 시는 한 포기의 풀, 한 마리의 풀벌레처럼 살아 있는 것이어야 한다. 또 그 무엇을 외치는 것이 아니라 그냥 존재하는 것이어야 한다.

그 존재의 새로운 패러다임과 각성을 위해 깊은 고요 속에 침잠할 것이다.

나에게 삶을 부여해 주신 부모님께 감사를 드리고, 뽑아주신 분들의 기대에 부응하기 위해 정진할 것을 재삼 새긴다.

□ 심사평 · 문화일보

예술가 고단한 길 성공적으로 그려

　예심을 통과한 작품들의 수준이 예년보다 높았다. 최종심에는 최기순의 「새」를 비롯하여 채수옥의 「벌초」, 신석종의 「가족 이야기」, 김규진의 「집 속엔 길이 없다」 등 네 작품이 올랐다. 이 가운데 「집 속엔 길이 없다」를 당선작으로 뽑는다.
　「새」는 죽어가는 새를 통해 인간의 실체를 보여주는 시로 짜임새가 좋다. 「벌초」는 우리가 흔히 말하는 진정성을 갖고 있었다. 「가족 이야기」는 동시를 능가하는 여린 심성으로 절제있게 노래한 작품이다.
　당선작 「집 속엔 길이 없다」는 이 상업주의 시대에 예술가가 처해 있는 곤경과 갈길을 성공적으로 시화(詩化)시켜 보여주고 있으며, 경험이 풍부한 연령을 느끼게 하면서도 표현의 신선함과 간결함을 잃지 않고 있다. 대성을 빈다.

심사위원 : 황동규 · 감태준

김성용

1973년 경남 창원 출생
현재 경주대학교 문예창작과 4년 재학중
2000년 부산대학교 대학원 국어국문학과 입학 예정
2000년 매일신문 신춘문예 시 당선
부산시 동래구 온천1동 183-15
Tel. (051)555-7810

● 매일신문 / 시
의 자

□ 매일신문 시 당선작

의 자

극장에 사무실에 학교에 어디에 어디에 있는 의자란 의자는
모두 네 발 달린 짐승이다 얼굴은 없고 아가리에 발만 달린 의자는
흉측한 짐승이다 어둠에 몸을 숨길 줄 아는 감각과
햇빛을 두려워하지 않는 용맹을 지니고 온종일을
숨소리도 내지 않고 먹이가 앉기만을 기다리는
의자는 필시 맹수의 조건을 두루 갖춘 네 발 달린 짐승이다
이 짐승에게는 권태도 없고 죽음도 없다 아니 죽음은 있다
안락한 죽음 편안한 죽음만 있다
먹이들은 자신들의 엉덩이가 깨물린 줄도 모르고
편안히 앉았다가 툭툭 엉덩이를 털고 일어서려 한다
그러나 한 번 붙잡은 먹이는 좀체 놓아주려 하지 않는 근성을 먹이들은 잘 모른다
이빨 자국이 아무리 선명해도 살이 짓이겨져도 알 수 없다
이 짐승은 혼자 있다고 해서 절대 외로워하는 법도 없다
떼를 지어 있어도 절대 떠들지 않는다 오직 먹이가 앉기만을 기다린다
그리곤 편안히 마비된다 서서히 안락사한다
제발 앉아 달라고 제발 혼자 앉아 달라고 호소하지 않는 의자는

누구보다 안락한 죽음만을 사랑하는 네 발 달린 짐승이다

□ 신작시 5편

틀니

지하철 공중 화장실
누군가가 잊어버린 오래된 습관이
세면대 거울을 마주하고 빤히 나를 쳐다보고 있다
달랑 붉은 몸뚱이 하나에 열댓 개의 표백한 뼈만 박힌
군데군데 허공으로 살을 채운
합장한 애기손만한 놈과 거울 속에서의 신경전이라니
조금 전까지도 뼈 사이사이 뻑뻑한 땀 흘리며
갈비나 콩나물이나 끈끈하게 식욕을 씹고 있었을 놈들
때때로 썩을지라도 뿌리내린 뼈가 되지 못하고
어디서 허리를 굽힐지 모르는 습관에게
비겁한 웃음을 보태주는 삶이기도 하다가
새는 발음 예쁘게 포장하던 부끄러운 역사이기도 한
잠깐, 녀석에게 경계를 풀고 손을 씻는 몸이 움직일 때
그 중 금칠한 녀석 형광등 불빛에 시리도록 몸 들고
금방이라도 의심하는 나를 씹어 버릴 듯
거울 속으로 짝짝이처럼 덤벼들 것도 같았다
화장실 밖에서는 안내방송에 따라 지하문이 열리고
맛없는 박테리아균처럼 현대사를 읽던 사람들이
틀니 속을 걸어나와 각자의 어둠 속으로 사라진다
지금쯤 어느 역에서는 습관을 두고 간 누군가가

어깨를 부딪힐 때마다 허둥대며 허리를 굽힐 것이다
딱딱한 치석으로 집 대문을 열 것이다

어떤 죽음

그곳에서 바다는
kg당 만오천 원에 거래된다
광안리, 공동어시장이 즐비한 그곳에서는
어떤 죽음도 만오천 원이면 살 수 있다
(말만 잘 한다면 그 값싼 죽음을
좀더 깎을 수도 있다)
우리는 검은 비닐봉지에
3kg만큼의 죽음과 바다를 동시에 담아
휘파람을 돌리며 엘리베이터를 탄다
우리 앞에,
벌거벗은 바다가 숨을 헐떡이며 안주로 놓이고
몇 잔의 소주가 소독약처럼 죽음을 씻기면
우리는 입가에 피를 묻힌 채
사람답게 살려면 힘이 있어야 한다고
많이 먹어야 힘이 난다고 서로를 다독인다
하얀 바다가 참기름 속에서 꿈틀거렸다 마침
술기운이 딱딱한 얼굴들을 부끄럽게 물들일쯤
10층 횟집에서 내려다본 바다는
서슬 퍼런 회칼이 되어 육지를 베고 있었고
육지는 아직도 편안히 수영하고 있었다

언젠가는 육지도 이 광어회처럼 썰려
낙지처럼 살려달라고 꿈틀거릴 것이다

그녀들을 뭐라 불러야 할까?

지방 소도시를 들러본 사람은 알 것이다
골목골목 오토바이를 몰며
세상에 법은 없어, 날 봐!
내가 세상을 지탱하는 힘이야!
온몸으로 항거하는 소녀들
그녀들을 뭐라 불러야 할까?
21세기형 데모꾼들이라 부르면 될까?
무려 하루 열대여섯 시간
온동네 아스팔트를 무단횡단하며
빨간 보자기 속 커피 몇 잔을
화염병 실어 나르듯 조심스레 품고
마주하는 손님들마다 동일한 양을 마시며
최루탄에 취한 것처럼 꺼멓게 말라 가는 소녀들
간혹 푸른 제복의 신사가 손을 흔들어도
짧은 윙크 한 번으로 구속의 육체임을 확인시키고
유유히 사라지며 세상의 정의가 얼마나 우스운가를
보기 좋게 비웃는 민주주의의 연습문제들
이왕이면 진한 머리 염색으로 사람들의 관심을 끌고
짧은 치마 속으로 우리들의 아버지와 오빠들이
드나들기 쉽도록 헐렁한 팬티를 입고서

젖무덤 더듬는 손들 부끄럽지 않도록 위로의 팁을 받는
자본주의의 예제들
그녀들을 뭐라 불러야 할까?

어머니 혹은 담석증

자취방 침침한 형광등 아래에서
때를 거른 허기가 3인용 밥솥에 쌀을 씻습니다
콘센트는 110V로 감전되고
밥솥은 마냥 씩씩거리며 콧김을 내뿜습니다
자르르르 식욕이 방안을 뜸들입니다
인심 넉넉한 주걱이 망설임 없이 달려들어
한끼 밥만을 담으면
나머지는 게으른 내일의 몫이 됩니다
짧은 기도가 끝나고
허겁지겁 뛰어든 밥상 앞에서 문득
좁쌀만한 어머니가 씹혔습니다 눈물이 아팠습니다
어머니는 점점 내 안에서 돌이 되었습니다
나이 지긋한 형광등이 그 큰 눈을 껌뻑이며
밥상 앞에서 다 큰 사내가 눈물을 보인다고 부끄럽다고
서럽고도 따뜻한 내 눈물을 훔쳐주었습니다
그후로도 오랫동안 어머니는 내 안에서
돌이 되어 아프게 날 키우셨습니다
그리움의 병이 깊습니다

그때 겨울 하늘이

어쩌다 그때 내가
그 겨울 하늘을 쳐다보았을까요
그때 하늘이 정말
옥빛으로 청아했다면 너무 상투적일까요
가끔 이런 생각을 해보았습니다
봄물 먹은 진득한 나뭇잎을
여름의 햇살이 은근히 다림질하고
가을은 뜸들여 그 빛을
죄다 하늘에 올려놓은 것이라구요
마른 나뭇잎이
강물 위를 걸어가는 것을 봅니다
제 빛을 내던진 나뭇잎은
단 한번의 자맥질도 없이 물결 따라
등 구부리지 않고 참 부드러웠습니다
그리고 강바닥에는
아직도 제 빛을 움켜쥔 나뭇잎 몇몇이
실눈 뜨고 하늘빛 닮으려 애쓰고 있습니다
몸이 무겁습니다 여자처럼
생명을 잉태한 것이 아니라
제 빛을 다 살 속에 묻어놓았기 때문입니다

그러고도 생명 있는 것처럼 살았습니다
세상을 살기 위해서 변명거리 하나쯤은
유머가 될 수 있다고도 생각했습니다
세상에 스스로 자맥질하는 데는
다 그만한 이유가 있나 봅니다
목구멍까지 강물이 찼습니다
숨이 죄어옵니다 그때
그 겨울 하늘이 정말로 상투적으로 보였습니다

□ 당선소감 · 김성용

소외된 이들과 한울림 위해 정진할 터

　알코올이 잠시 내 몸의 주인이었을 때, 전화가 왔다. 내가 세운 계획보다 앞서 가는 현실을 알려주는 낯선 전화였다. 도무지 무슨 말인지 알아듣지 못했다. 잠시 후 나는, 나를 앞서가는 현실 앞에서 먹먹하고 당황할 수밖에 없었다. 어제와 같은 모습으로 잠자리에 누웠다. 그러나 새 천년을 알리는 제야의 종소리 서른세 번이 술기운과 함께 지난밤 내내 내게는 앞서 울리는 듯도 했다. 유독 '부끄럽다'는 종소리만이 기억에 남는다.

　나보다 더 기뻐해 주시는 분들이 많다. 막내의 철없는 모습에 마음 졸이시며 살아오신 부모님과 가족들, 궁핍한 주머니 사정에도 꿋꿋이(?) 술자리를 지켜준 친구들, 형들 그리고 문학을 이야기하며 함께 밤을 지새던 '까치노을' 문학동아리 후배들, 그들이 기뻐하는 모습이 내게는 기쁨일 뿐이다. 무엇보다 시의 길로 입문할 수 있도록 이끌어주신 손진은 선생님, 배우는 학생보다 더 큰 열정을 보여주시고 가르쳐주신 학과 장윤익, 여세주, 김주현, 구광본 선생님과 시를 뽑아주신 심사위원님들께 죄송함과 감사함을 동시에 전한다. 담배를 끊을 수 있도록 도와준 사람에게도.

　짝사랑에 고민하던 한 사내가 그동안 참았던 용기를 모두 풀어 고백하고 당당하게 퇴짜맞은 기분으로 이제 대문을 연다. 대문이 더듬거리며 열릴 것인가, 수다스럽게 열릴 것인가, 고민하지 않겠다. 제자리에서 소외된 것들과의 한울림을 위하여 終身不退하겠다.

　20세기의 작은 먼지가 21세기의 민들레를 꿈꾸며.

□ 심사평 · 매일신문

삶의 수렁 파헤치는 역동감 돋보여

    응모된 시들은 상향평준화 현상이 뚜렷했다. 2천여 편의 응모작 가운데 예선을 거친 작품들은 우열을 가리기 힘들었으나 상대적으로 두드러지는 작품이 눈에 띄지 않았다.
    김미명의「보영약국은 따뜻한 말을 조제한다」는 일상사의 이면을 신선한 시각으로 그리고 있으나 '소설적'인 묘사에 그쳤다. 이계희의「볕이 잘 드는 마을」은 잔잔하고 단단하게 세상살이의 고랑을 파고 일궈내는 감수성이 돋보였지만 삶을 장악하고 뭉뚱그려내는 힘이 부족했다. 이별리의「철길 사이」는 언어와 감정의 절제, 한층 높은 도약이 요구됐으며, 유가형의「기억의 상자에 빠집니다」는 발상이 참신하고 언어감각이 뛰어났으나 전체적으로 무게가 실리지 않는 것이 흠이었다.
    마지막까지 겨룬 작품은 신민철의「앵무새와의 대화」와 김성용의「의자」였다.「앵무새와의…」는 독특한 시각으로 삶을 액자 속에 담아내는 기교가 능숙하고 언어의 행진이 현란했다. 하지만 말을 너무 이리저리 돌리는 바람에 삶에 대한 인식의 바닥이 얕아지는 느낌이었다. 재미있는 언어 유희와 세련된 감수성이 장점이자 약점을 만들고 있는 경우지만 좋은 시인으로서의 자질이 엿보이는 것은 분명하다. 언어보다는 삶에 더 기대고 더 깊이 들여다보기 바란다.
    「앵무새와의…」에 비해「의자」는 완성도와 세련미가 떨어진다. 거칠고 튀며 난폭하다. 전체적인 숨고르기와 후반부의 마무리도 허술하다. 파괴적이고 현대적인 것까지 유형화되는 이 시대에 이런 유형의 시가 일종의 '상투성'으로 자리잡을까 우려되기도 한다. 그러나 '의자'를 통해 우리의 삶이 사로잡힌 수렁을 적나라하게 파헤치고,

파괴적이지만 역동적인 이미지로 삶의 '굳은살'을 떨쳐내는 힘을 지니고 있어 호감을 갖게 했다. 끊임없이 관습과 고정관념, 상식에 도전하는 패기와 힘을 견지하기 바라며 당선작으로 민다.

심사위원: 이성복·이태수

박성우

1971년 전북 정읍 출생
군산대학교 졸업
원광대학교 문예창작학과 졸업
2000년 중앙일보 신춘문예 시 당선
전북 익산시 신동 819-13 청우연립 가동 101호
Tel. (0653)854-6092

● 중앙일보 / 시
거 미

□ 중앙일보 시 당선작

거 미

거미가 허공을 짚고 내려온다
걸으면 걷는 대로 길이 된다
허나 헛발질 다음에야 길을 열어주는
공중의 길, 아슬아슬하게 늘려간다

한 사내가 가느다란 줄을 타고 내려간 뒤
그 사내는 다른 사람에 의해 끌려 올라와야 했다
목격자에 의하면 사내는
거미줄에 걸린 끼니처럼 옥탑 밑에 떠 있었다
곤충의 마지막 날갯짓이 그물에 걸려 멈춰 있듯
사내의 맨 나중 생(生)이 공중에 늘어져 있었다

그 사내의 눈은 양조장 사택을 겨누고 있었는데
금방이라도 당겨질 기세였다
유서의 첫 문장을 차지했던 주인공은
사흘만에 유령거미같이 모습을 드러냈다
양조장 뜰에 남편을 묻겠다던 그 사내의 아내는
일주일이 넘어서야 장례를 치렀고
어디론가 떠났다 하는데 소문만 무성했다
누가 먼저랄 것도 없이 아이들은

그 사내의 집을 거미집이라 불렀다

거미는 스스로 제 목에 줄을 감지 않는다

□ 신작시 5편

달팽이가 지나간 길은 축축하다

1

내가 움직일 때마다 분비물을 흘리는 것은, 배춧잎에 붙어 있는 솜털이 내겐 덤불이기 때문이다.

2

사내가 집을 나선다 저 사내는 볕을 두려워하는 달팽이다 다행히 오늘은 햇살이 비춰지지 않는다 아니 이젠 비춰진다고 해도 무관할 것이다 사내에겐 꽃상치밭 같은 공원이 생겼으니까, 실직한 저 사내의 딱딱한 집 속에는 물렁물렁한 아내가 산다 건들기만 하면 젖무덤이 금세 봉긋해지는 그녀는 하루 종일 통조림용 마늘을 깐다 그런 이유로 사내의 눈이 매웠을까 사내가 눈을 훔치며 지나간 골목이 축축하다

감 꽃

옹알종알 붙은 감꽃들 좀 봐라
니가 태어난 기념으로 이 감나무를 심었단다
그새, 가을이 기다려지지 않니?
저도 그래요, 아빠

웬, 약주를 하셨어요? 아버지
비켜라 이놈아, 너 같은 자식 둔 적 없다!
담장 위로 톱질당한 감나무, 이파리엔 햇살이
파리떼처럼 덕지덕지 붙어 흔들렸다
몸을 베인 뒤에야 제 나이 드러낸 감나무
나이테 또박또박 세고 또 세어도
더 이상의 열매는 맺을 수 없었다

아버지 안에서
나는 그렇게 베어졌다

그해, 장마는 길었다
톱으로 자를 수 없는 것은 뿌리였을까
밑동 잘린 감나무처럼 나도
주먹비에 헛가지를 마구 키웠다

연하디연한 어머니의 말씀에
나는 쉽게 몸살을 앓는 자식이 되기도 했지만
끝내 중심은 서지 않았다
이듬해 우리는 도시로 터를 옮겼다

아버지는 지난 겨울에 흙집으로 들어가셨다
사람들은 가장 큰 안식을 얻었다고 했다

왜 찾아왔을까
상추밭이 되어버린 집터
검게 그을린 구들장 몇 개만 햇볕에 데워져 있다
세상 곁돌던 나무 한 그루
잘려진 밑동으로
감꽃이 피려는지 곁가지가 간지럽다

개야도 김발

1
김발은 또 다른 섬이 되어 개야도를 서성인다
취기 가시지 않은 사내들은 배 한 척씩 몰고 나와
그 섬들을 거두어 간다

2
밤마다 습관처럼
아랫도리 벗고 덤비는 파도들은
매심줄에 걸려 넘어지는 척하다가
그물발의 엉덩이에 성기를 철썩철썩 박아 넣는다
사내 앞에서 옷고름을 풀던 숫처녀들도 그랬겠지
아프다 자지러지며 붉은 물감을 풀어놓는다
밤이 지날수록 정사는 격렬해져
김발은 얼굴 붉힌 홍조류가 된다
공식 같은 썰물이 오면
제 몸을 드러내어
비워진 구멍들에 해의 화살을 박는다
마른 매심줄엔 몇 개의 바람도 펄럭인다

3
갯바람 냄새 바뀌어 봄 오면
몇 알의 씨앗 남기고 죽을지언정
지금은 내 자리를 넓혀 가리라
순결했던 어제는 처음부터 없었을지도 모르니
날 창녀 같은 바다이끼라 불러도 좋다
습하고 짭짤한 공간에서야
어쩌다 그리워해주는 그대들을 위해
그 독하다는 염산에도 난 죽지 않으리라

주술가

비가 오거나 비가 오지 않거나 그녀는
화투로 하루를 점친다 말하자면 그녀는
도구를 사용하는 주술가인 셈이다
그녀의 몸 여기저기엔
빙하가 녹아 내린 흔적이 있다
불의 사용이 다른 사람보다 빨랐을 것으로 추정된다
감당할 수 없는 뜨거운 사랑이 잘못 흘렀으리라
그녀는 우리와 같은 북방계 퉁그스족의 한 갈래이지만
사람들은 가끔 그녀를 이방인처럼 대하기도 한다
그녀가 젊었을 땐
무리지어 돌아다니는 이동생활을 했다
처음엔 서울 근교 안에서 이동했지만
차차 지방 소도시를 거쳐 면 단위에 이르렀다
그녀가 주술적 행위를 시작하게 된 건
의식주를 원만하게 해결하기 위해서였다
그녀가 정착생활에 들어간 건 그리 오래되지 않는다
식량을 생산하고 저장하는 방법을 터득하고 있지만
박물관에 전시된 토기들이 비어 있듯
그녀가 소유한 몇 개의 통장은 대부분 비어 있다
그녀는 유물을 남기지 않을 작정이다 말하자면 그녀는
마음을 비운 주술가인 셈이다

악 연

　양서류의 변태 과정을 관찰하기 위하여 현장 채집 나간다 채집 장소는 전북 정읍군 산내면 일대, 이건 순전히 내 맘대로 정한 것이다

　이곳은 내가 어머니의 자궁문을 빠져나와 뛰놀던 고향이다 때문에 실험대에 올려져야 할 개구리卵을 가장 쉽게 구할 수 있는 논두렁을 알고 있다 다랑논의 고인 물 여기저기서 卵을 건진다 변태가 빠른 것은 올챙이로 변한 놈도 있다 채집망에 잡히는 대로 포르말린에 고정시킨다 최소한 내가 죽을 때까지 썩지 않고 보관될 만큼 쏟아 붓는다 투명한 점질막 속의 빠른 움직임이 시작되었다 변태중인 생명체가 살아남고자 마지막 힘을 다해 꿈틀거린다 넘어야 할 플라스틱 병의 높이가 너무 높다 더 이상의 움직임은 없다 그들이 현미경 슬라이드 글라스 위에 싸늘히 누워 있다

　그들은 단지, 내가 채집 장소를 전북 정읍군 산내면 일대로 정한 이유로 죽어야 했다 다시 말하지만 그곳은 내가 발생 과정을 온전히 마치고 어머니의 자궁문을 빠져나와 자란 고향이다 도둑은 인연 없는 집 담은 넘지 않는다

◻ 당선소감 · 박성우

벼랑끝에 세워주신 선생님
제가 소주 한 잔 샇랍니다

별을 털며 집으로 가는 퇴근길은 아름다웠다.
지친 몸에서 빠져나온 사내는 앉은뱅이 책상에 앉아 연필부터 깎곤 했다. 연필심처럼 생각이 올라오면 그것을 공책에 옮겼다. 사내의 왼손엔 어김없이 담배가 들려 있었는데 온몸을 태울 듯 빠르게 타들어갔다.
아침에 사내의 방문을 슬쩍 열어 보면 사내의 목이 앉은뱅이 책상 위에 툭, 떨어져 있을 때가 있었다. 등을 흔들어 밤새 무엇을 썼느냐고 묻기도 전에 사내는 담뱃재처럼 흩어지곤 했다.

원고를 보내 놓고 나는 여느 때처럼 술을 마시지 않았다. 대신 지독한 몸살을 앓아야 했다. 모든 감각이 진공상태에 놓여져 있었으므로 허공을 걷는 아찔한 맛을 볼 수 있었다. 또한, 혓바늘이 입천장을 찔러대는 통에 나는 양식을 아낄 수도 있었다. 그런 증세는 일주일이 넘게 계속되었다. 몸살이 끝날 즈음 나는 일요일을 빌려 금강 하구의 갈대숲에 접혀 있다가 돌아왔다.
혼자 콩나물국을 맵게 끓여 먹으며, 나도 누군가에게 얼큰한 사람이 되고 싶었다.

전화기를 내리자마자 몹쓸 아버지가 울컥거려서 잠시 젖게 내버려 두었다.
생각하기도 전에 눈물이 되곤 하는 어머니 김정자 여사, 작년 성탄절 전야에 흙으로 돌아가신 존경하는 아버지, 묵묵히 지켜봐준 사랑하는 핏줄들, 한시름 놓으셨죠?

 큰형으로 느낄 때가 더 많았던 이상복, 정영길, 이혜성 교수님을 비롯한 문창과 교수님들, 어머니 같은 박라연 교수님, 그리고 내 생활의 지침서이신 정종환 선생님께 고개 숙여 감사드립니다.
 호만형, 성민형, 문원을 비롯한 문우들과 시창작반 식구들, 절망할 때마다 다독거려 주던 동기생들, 출발점을 허락해준 중앙일보와 출발신호를 준 심사위원님들께 진심으로 감사드립니다.
 잘못 든 길에서 지도를 만들어 나가게 하신 강연호 은사님! 앞으로도 저를 가파른 벼랑끝에 세워두실 거죠? 선생님, 거기로 나오세요. 오늘은 제가 소주 한잔 살랍니다.

□ 심사평 · 중앙일보

오랫동안 단련되어 온 만만찮은 습작의 무게

　예심을 거쳐 온 적지 않은 작품들을 읽으면서 올해의 응모작들이 시적 다양성이나 인식의 틀로는 예년의 수준에 미치지 못함을 느낄 수 있었다. 끝까지 긴장을 유지하게 하는 정서적 탄력이나 신인다운 패기 또는 개성이 제대로 확인되지 않는 심사의 자리란 때로는 곤혹스럽다. 마지막까지 선자들이 주목했던 작품들은 김다솔·강성민·박승철·류남·박성우 씨의 시편이었다.

　김다솔 씨의 응모 시에서 엿보이는 것은 섬세한 시어가 감당하는 풍경의 투명성이다. 관찰과 묘사에 기대고 있는 이 응모자의 시선은 드러나지 않는 삶의 굴곡과 파문들을 읽어내지만 정작 깊이나 높이로 확산되지 않아서 아쉬움을 주었다.

　강성민 씨는 환상과 이미지를 교직하는 매력적인 시상을 펼쳐 보이지만 그것들을 한 줄로 꿰보이는 맥락의 힘이 제대로 살펴지지 않는다. 응모 작품들이 유지하는 수준에는 편차가 두드러진다는 점도 문제로 지적될 수 있겠다.

　박승철 씨의 작품은 사유의 힘이 돋보인다. 거기에 걸맞은 시어의 선택도 선이 굵다. 그럼에도 행간과 행간 사이에 긴장과 탄력이 지탱되지 않는 까닭은 범상하고 익숙한 수사에 비약이 심한 시상을 걸쳐놓고 있기 때문이라 여겨진다.

　류남 씨의 시편들은 분방한 상상력을 감당하는 그 나름의 형식미가 재미있게 읽혔다. 그러나 그것을 온전히 확인하기에는 응모 편수가 너무 적었다. 군데군데 부절적하게 동원된 시어들도 막상 선자들을 망설이게 했다.

　박성우 씨의 「거미」가 당선작이 될 수 있었던 것은 습작의 연조 때문일 것이다. 그 외의 응모작에서도 시적 상상에 스며드는 체험의 무게가 느껴진다. 그리하여 거의 제 솜씨로만 한 채 시의 집을 지을 수 있게 되는 것은 이 응모자의 오랜 단련의 결과가 아닐까 한다. 다만 사물 앞에서 끝까지 긴장을 유지하려는 노력만이 앞으로 제 몫의 장인으로 자신을 세우는 길임을 명심하길 바란다.

심사위원 : 김명인 · 황지우

이기인

1967년 인천 출생
인천 제물포고등학교 졸업
서울예술전문대학 졸업
2000년 경향신문 신춘문예 시 당선
경기도 남양주시 와부읍 월문리 1287-1
Tel. 011-9706-8829

● 경향신문 / 시
ㅎ방직공장의 소녀들

□ 경향신문 시 당선작

ㅎ방직공장의 소녀들

목화송이처럼 눈은 내리고
ㅎ방직공장의 어린 소녀들은 우르르
몰려나와 따뜻한 분식집으로 걸어가는 동안…… 제 가슴에 실밥
묻은 줄 모르고,
공장의 긴 담벽과 가로수는 빈 화장품 그릇처럼
은은한 향기의 그녀들을 따라오라 하였네
걸음을 멈추고
작은 눈
뭉치를 하나 만들었을 뿐인데,
묻지도 않은 고향 이야기를 늘어놓으면서…… 늘어놓으면서 어느덧
뚱뚱한 눈사람이 하나 생겨나서
그
어린 손목을 붙잡아버렸네
그녀가 난생 처음 박아 준 눈사람의 웃음은 더없이
행복해 보였네

어둠과 소녀들이 교차하는 시간, 눈꺼풀이 내려왔네

ㅎ방직공장의 피곤한 소녀들에게
　영원한 메뉴는 사랑이 아닐까,
　라면 혹은 김밥을 주문한 분식집에서
　생산라인의 한 소녀는 봉숭아 물든 손을 싹싹 비벼대네
　오늘도 나무젓가락을 쪼개어 소년에 대한
　소녀의 사랑을 점치고 싶어하네
　뜨거운 국물에 나무젓가락이 둥둥
　떠서, 흘러가고 소녀의…… 시간이 그렇게 흘러갔다고 분식
집 뻐꾸기가
　울었네

　입김을 불고 있는 ㅎ방직공장의 굴뚝이,
　건강한 남자의 그것처럼 보였네

　소녀들이 마지막 戰線으로 총총 걸어가며 휘파람을 불었네

□ 신작시 5편

검은 글씨 엽서

　　　1
트랜지스터 라디오를 틀어 놓고
위안처럼 엽서를 썼다
검은 글씨를 읽어줄 형에게, 검은 글씨를 아버지에게 들키지 말아요

南向인 이 집의 창문이
내 집 같아서
고장난 수도꼭지를 오늘 큰맘 먹고 고쳤어요
물소리를 하나 잠그고 나니
이 집도
조용한 연못이네요

아이들이 오리새끼처럼 떠다니네요

100만원짜리 이 방엔 곰팡이가 산다는 것을 알았어요
나는 그 자리에 거울을 걸어 놓았어요
그 속을 들여다보지만
아무것도 없는 날이 많아요

아버지에게 이 집 불빛은 읽어주지 말아요, 형

   2
어머니들
가슴을 열면 눈물이 얼어 있었어요
아이들은 썰매를 타러 그 깊은 곳까지 놀러 나가고
어느
흉가로 화해버린 종가집을 뜯어내
모닥불을 피웠어요

참 오래 항거하던 불의 입에다
아이들이 훔쳐온 콩줄기를 넣었어요

불경스런 불만 쳐다보는 일이 겁났어요, 형

   3
토끼들의 정사는 짧고 욕망마저 다 쏟지 않았어요
잡아먹고 남은 몇 마리의 그 빨간 눈동자를 들여다보았어요
그 속엔 체온을 잃지 않으려고 水銀이 많았어요
더 이상 올라가지 않은 水銀이,

요즘 날 위협해요

춥지만,
내일도 그 토끼장에 나가 놈들을 세어 볼 거예요, 형

빈 맥주병의 묘지

헛간 냄새 나는 집 마당을 나와
서 있는 대추나무의 따뜻한 그늘을 서성거리다
한때나마 내 불안함을 씻은, 그 허공에
붉은 열매가 열린 것을 알았다
너는 참 이쁘구나, (이런 感想에 젖어도 될까)
앙상한 가지 끝에 매달린 너를 한참 들여다보는 일이 즐거워
눈으로 눈으로 한 주머니 가득 주워담는데
불현듯이,
불과 1년 전에 내 아이와 함께
중환자실에 누워 있었던
그 아이들의 새까만 눈동자가 나를, 깊숙이 내려다보는 것이 아닌가
아,닌,가,

나는 나뭇가지에 매달린 그 붉은 열매를
자세히 읽어보는 동안에
한때,
아이들이 침대에서 떨어뜨렸던 그 장난감 굴삭기로
땅을 파고, 뭔가를, 열심히 묻으려고 했는데

어쩌면 그 장난이 나무를 심는 아이의 모습은 아니었을
까…… 생각했다

어느 저녁이었을까
아이들이 낀 무슨무슨 일로 벌어진 작은 만찬이 끝나고
손님들이 돌아가고
설거지를 맡은 아내 일을 도우려고 빈 맥주병을 들고 밖으
로 나오게 되었을 때다
우연히 나는 나무의 영혼이 외롭게
외, 롭, 게,
서 있는 것을 그냥 놔두고 들어와
문을 잠근 적이 있다
그 후로 나무 곁에는 빈 맥주병을 쌓아 놓게 되었다

나무와 집이 있어도 적막한 날은 지속되는 것 아닌가,
바람이 불어 텅 빈 그 속을 메우고 있었다

아내의 그릇이
마지막 물 한 방울까지 다 잊고서 제자리로 돌아왔을 때,
부웅 부웅 보일러 소리가 돌아가고 있었다

어떤 바람소리가 창문까지 와서 울고 있었다
나무는 다시 흔들리는…… 거야
아이들을 위해 童謠를 불러줘야 한다고 했던가,
아이의 가슴을 열었다 닫아놓은 그 닥터의 말이…… 생각났다

금산 日記

1
어머니의 고향 금산,
금산을 따서 만든 금산인삼상회에는 작은 의자가 하나 있고
인삼밭 주인 같은 아버지가 그 의자에 앉아서
저울 눈금처럼 어둠침침한 자세로 신문을 읽는다
어찌 세상이 이렇게 돌아가는가,
혼자 계실 땐 歎息하는 날이 많아서 담뱃불을 많이 붙이신다
그,러,다,가,
고인 듯한 눈물이 냉장고에서 흘러나오고 하면
금세 그 물기를 지우느라 바쁘고
엉켜 있는 水蔘다리를 한 번씩 들춰
어디 다친 아이들 없나, 하는 표정으로 잠든 수삼을 흔들어 깨운다

잠이 깬
수삼은 몇 년씩이나
땅 속에 묻혀 살던 촌놈들이라서, 어느 한 순간 그 뿌리에서
흙내음이 풍기지 않으면 외려 수상한 것을
아버지는 일찍 눈치 채셨다

2
어느 날,
금산인삼상회 그늘 속으로 들어온 나는
한때 불이 나서 시커멓게 그을린 한쪽 벽에서 부적 한 장을 찾았다
붓끝의 그 붉은, 미로 그림을 통과해 내려오고 있는……
거미줄에 매달린 노오란 봉투들이 궁금해
그 속을 물은 적이 있다
볼수록 정감이 붙는 그 봉투자루 속에는
내가 알 수 없는 어떤 약초의 힘이 들어 있을까,

아버지와 나는
마른 꽃잎, 가슴이 미어터진 열매, 그 심란한 뿌리, 헐벗은 나무껍질……의
深山 속에서 얘기를 했다
아아…… 어김없이 어떤 약초들의 냄새가 좋았는데, 그건 뭘까,
나는, 내 심약한 마음이 아버지를 닮았기
때문이라고 생각했다

아버지에게 미안한 생각이다

  3
가끔이지만, 뚜렷이 아픈 곳은 없는데요, 하고
금산인삼상회의 반쯤 열린 문으로 들어오는 사람이 있다
그 나이 먹은 아주머니의 모습이 어머니와 닮은 사람일 때가 있다
그 창백한 아주머니가
삼 한 근, 대추알 한 됫박, 꿀 한 병, 지네 한 줄, 살구 씨앗으로
그 아픈 곳을 치유할 수 있을까
아버지는 돋보기를 쓴 채로 한 아주머니의 근심을
저울 위에 올려놓는다, (그때 내가 궁금한 것은
그 아픈 사람들의, 삶의 무게가 얼마나 버거운가이다)

검은 비닐봉지를 움켜쥐고,
한 손님이 금산인삼상회를 빠져나올 때까지
멀뚱이 아버지 옆에 서 있던 나는,
흐릿한 그 그림자들의 안부를 물어봐야 했다

할머니와 감자

봄이 오면
할머니가 消日을 찾아서
감자밭을 거닐었네

호미로 캘 수 있는 것
있으면 다 캐내고
돌멩이가 밭이랑에 쌓였네

왠지 쓸모 있을 것 같은 돌멩이들
너희들이 모여 있으면
돌무덤 같네

그 돌멩이를 집어다 집에 옮겨 놓았네

밭이랑을 걷는
할머니의 뒷모습에 은비녀가 있었네
감자꽃 줄기가 있었네
줄기가
칭칭, 온몸을 감아버렸네

나는
고름으로 꽉 찬
감자와 할머니를 목화밭에 넣어 주고 싶었네

가난으로 채워진 임산부

      1
복숭아 나무 한 그루가 서 있는 그 집에는
한 잎의 여자가 살고 있었네
한 잎의 그 여자가
입덧으로 흔들고 있는 그 나뭇가지에는

팽팽했다가 느슨해진 빨랫줄이 길게 묶여 있었네

빨랫줄에
거꾸로 매달린 옷들이, 하나 둘
빈 호주머니를 地上에 꺼내 놓았네

가난으로 채워진 그 집의 응달에서
햇볕을 쬐려고 나온 아이의 세발자전거가 쓰러져 있었네,
무릎을 굽혀보지만
너무 뚱뚱해진 그녀는 일으켜 세울 수가 없었네

      2
아이를 낳기 전에
그녀는 젖은 우산을 마당에 펴 놓았네

우산을 같이 썼던
그 남자의 검은 추억이 바싹 마르고 있었네
한때
우산을 같이 썼던 행복, 이 접혔네

젖은 우산을 들고
그이가 앉았던 자리에 앉은 적이 있었네

굵은, 잉어 한 마리가
조약돌을 하나 놓고 사라져 버렸네

연못 속을 보았던 그녀의
얼굴엔 기미가 돋아나기 시작했네

□ 당선소감 · 이기인

누군가 지켜보고 있을 것 같아
이젠 그 시선에 감사하고 싶다

아직 내게 있는 쓸쓸함이 빈 논으로 들어가 얼어붙은 날이 있었습니다.
나는 그 수면 위로 조심스럽게 걸어올라가 내 그림자를 들여다봅니다. 머리와 어깨가 달라붙은 검은 그림자가 나란 말인가, 이젠 저도 조금은 눈치를 볼 줄 아는 처지가 되어 제 그림자를 자세히 봅니다. 그리고 조금씩 걸음을 옮겨 농부가 그러했던 것처럼 마음을 분배해 천천히 논의 한귀퉁이까지 다가갑니다.
무엇을 찾기 위해 이곳으로 온 것은 아니지만 텅 비어 있는 논의 침묵이 굳게 다물어진 것을 새삼 확인합니다. 그런 와중에 수면으로 올라온 돌덩이가 고개를 쑤욱 내밀어 논 전체를 녹이려고 하는 건 아닌지, 의뭉스러운 생각도 해 봅니다.
그 돌덩이를 발끝으로 톡톡 건드려 보고 싶은 걸, 참습니다.
지금 돌이켜 보면 종교가 따로 없었던 세월, 나는 내 둔한 시심에 몇 줌 안되는 흙을 덮기 위해 삽날만 반짝인 게 아닌가 하는 반성을 해봅니다. 어쩌다 시를 쓰게 되었는지…… 솔직히 나는 나를 잊지 않은 그 누군가가 나를 지켜보고 있을 것만 같아, 끄적이고 끄적이고 했습니다.
오늘은 그 시선들에게 감사를 해야 하는 날 같습니다.
두 해 전에 나는 이곳 월문리로 이사를 왔습니다.
한 시간에 한 번씩 오는 그 노오란 마을버스가 내 앞의 생을 흔들어댑니다.
처음엔 그 소리에 아이가 깨고, 젖을 달라고 울기도 했는데 이제는 아이와 아내가 그 버스를 보며 손짓을 합니다.

그런 어떤 하루, 신문사로부터 온 소식은 신문도 오지 않는 이 마을에서 얼마나 큰 소식인가…… 기쁘고 즐겁습니다.
산길을 내려가, 술 먹을 일이 있는데 누구한테 연락을 해야 하는지…… 연락이 다 끊어졌습니다.
작품을 마지막으로 정리하다 이런 생각을 해봤습니다. 서른이 넘은 나이에 등단을 하는 것도 괜찮은 일 아닌가. 위안인 줄 알면서도 그땐 그렇게 용기를 냈습니다. 아니 좀더 늦었더라도 혼자 노는 이 즐거움은 계속됐을 것입니다. 측은한 마음을 심사위원님이 알아주신 게 아닌가 생각해 봅니다. 정말 고맙습니다.

부족한 제게 가르침을 주셨던 최하림, 오규원 선생님, 감사드립니다.
오늘 뜨는 달은 선생님 가지세요.

□ 심사평 · 경향신문

존재하는 것의 외로움 잘 표현

　예심을 거쳐 올라온 15명의 응모자 중 남소영, 이기인, 안휘지의 작품들이 마지막까지 남았다.
　남소영의 작품들은 신춘문예 스타일이라는 상투성에서 멀다는 점, 말의 침묵——암시의 울림, 생략과 여백의 효과 같은 것들에 대해 알고 있다는 점, 상식을 거스르고자 하는 의지가 보인다는 점 등에 비추어 그중 눈에 띄는 시적 재능이라고 할 수 있겠으나 지나치게 모호하다는 것이 흠이었다. 그러나「겨울 인사」같은 작품은 버리기 아까웠다.
　이기인은 존재하는 것들의 외로움과 추움을 아주 잘 느끼고 있다. 그래서「ㅎ방직공장의 소녀들」에서도 보듯이 그의 작품들은 따뜻하다. 계절도 인심도 춥고 싸늘할 때는 사람들은 따뜻한 마음에 감동하게 마련이다. 그리고 따뜻한 마음을 퍼뜨리고 일으켜 세우는 일도 시가 하는 중요한 일 중의 하나일 것이다. 부드러운 어조도 시에 힘을 더하며 작품들의 수준이 고르다는 점도 마음 놓이는 일이다.
　안휘지의 작품들은 "…세상은/내게 담 쌓는 일을 시켰다/쌓으면 쌓을수록 별과 해와 달은 담벼락에 붙어/죽은 해바라기처럼 검게 자랐다"와 같은 좋은 부분도 없지 않으나 사물에 부여하는 의미나 가치가 될 수 있는 한 일반적인 공감을 얻어야 한다는 조건을 충족시키지 못하고 있다. 말로 표현된 생각과 느낌에 대한 철저한 검토 및 말하는 방식과도 상관이 있는 일일 것이다.
　　　　　　　　　　　　　　　　　　심사위원 : 신경림 · 정현종

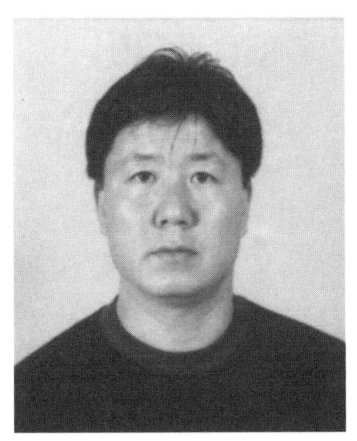

이덕완

1954년 경기도 파주 출생
중앙대학교 예술대학원
문예창작전문가과정 수료
2000년 대한매일 신춘문예 시 당선
경기도 파주시 탄현면 갈현1리 329번지
안현승 씨댁 2층
Tel. (0348)944-8462

● 대한매일 / 시
乾鳳寺 不二門

□ 대한매일 시 당선작

乾鳳寺 不二門

두 개인 듯 하나로 보이는 구름 한 조각
금강산과 향로봉에 걸쳐 있다
나는 아내와 함께 건봉사 불이문에 들어선다

부처님 치아사리 모신 적멸보궁(寂滅寶宮)에는
불상이 없고
계곡 건너 금강산 대웅전엔
부처가 환하다
만해(卍海)의 뜨거운 발자국이 보일 듯
돌다리를 경계로
금강산과 향로봉이 포개진다

같고 다름이 하나인데
이곳에는 모두가 둘이라니

민통선 철조망이 반세기 동안
녹슨 풀섶에서 가람을 두르고 있다
반야심경(般若心經) 독경 소리가 풀향기에 섞인다
깨진 기왓장에 뒹구는 낡은 이념들
초병들의 군화 발자국 절마당에 가득한데

목백일홍나무에서 떨어지는
자미꽃의 핏빛 절규는
나무아미타불탑 위의 돌봉황에 실려
북으로 가는가 갔는가

적멸보궁 터진 벽 뒤로 날아가는
하얀 미소를 보며, 아내와 난
보살님이 준 콩인절미를
반으로 나누어 먹는다

□ 신작시 5편

진공청소기를 돌리며

거부할 수 없는 흡인력
견디지 못하는 것은
가벼움만이 아니다

코드를 꽂으면 몸살을 앓는 모터
햇살에 붙어서 힘겹게 버티어보지만
아우성치는 회리바람
구겨진 진공 속으로
떠다니는 기억들이 스민다

흙냄새 나던 그 때
서로를 다독거리며 풀풀 하늘로 솟고
마루 깊숙한 빛줄기 속에서
즐겁게 춤추던 시절, 별안간 나는
뒤집힌 벌레들과 함께
심해성층(深海成層)으로 가라앉는다

벽과 벽이 직각으로 꺾인 곳
낮게 웅크린 희망이 뭉쳐 있다
참을 수 없는 것은 소용돌이가 아니라

기다림조차 마른 침묵이 아닌가

창 밖에는
거대한 도시가 사마귀처럼 눈을 뜨고 있다

전당포

더 이상 달아날 수가 없다

내가 저당 잡힐 수 있는 것은
이슬에 젖은 부스러기들뿐
나를 핥는 눈빛이
쇠창살 속에서 뾰족하고
사선(斜線)으로 쓰러지는 지폐

날카로운 햇살 아래
나를 겁탈하려고 사람들은
파란 신호등을 핑계삼아 몰려온다
목숨보다 더 지독한 지폐가
손을 뻗어 발목을 잡는다

달아나야 해
이곳은 유물론자들만 있어

빈손마저 무거운 거리를
지렁이처럼 기어서 달아나지만
납작한 그림자는 지친 주인과 함께

전당포 계단에 직각으로 누워 있다
내일은 또 무엇을 맡기고 하루를 빌릴까
주머니 속에 손을 넣는다.

잡히는 건
약속 없는 약속어음

흑염소는 울지 않았다

변비의 고통처럼 마지막까지 노파를 붙잡고 있는 손아귀, 그 억센 힘에 중독되어 저녁 어스름에 일찍 눈뜬 별들이 늘어갈 때까지 노파는 길모퉁이에 앉아 있었다. 며느리 몰래 퍼왔을 삭힌 고추 한 사발과 장아찌무우 서너 개를 다 팔았으나 솔담배의 마지막 한 개비를 피울 때까지 남아 있는 솎음배추. 자신에게 주어진 마지막 반찬이듯 들여다보고 있었다. 나는 노파에게서 솎음배추 한 뭉치를 떨이했다. 고사리보다 더 꼬부라진 노파의 허리가 조금은 펴지는 듯했다.

어둠 속에서도 비는 정확히 땅에 떨어졌다. 흑염소는 목 매인 끈을 제 힘으로 풀지 못했다. 비가 운명인 것도, 목에 매여 있는 줄이 팽팽한 사랑임을 그 흑염소는 알고 있었다. 비가 어둠을 두들겨 등에 슬픔이 흘러도 흑염소는 울지 않았다. 빗속으로 점점 더 흐려지는 제 우리를 바라볼 뿐이었다. 비를 맞으면서도 풀을 뜯었고 빗물보다 더 빨리 풀을 삼켰다.

빗 장

　풀잎 끝에서 온몸이 아팠다. 안개 속에서 수런거리는 길을 따라 붉은 종이꽃이 햇살에 부서지고, 산봉우리가 모시나비의 왼쪽 날개에 걸려 기우뚱거렸다. 비탈을 구르는 쑥향기를 맡으며 가위 눌린 빗장 사이로 산길이 열렸다. 물푸레나무 즙액 같은 푸른 기억이 몸을 빠져나가 망초꽃에 엉겼다. 꽃들이 일제히 숨을 죽였고 장형 태운 상여를 따르던 나의 발걸음이 민들레에 의해 노랗게 지워졌다.
　보이지 않는 꽃도 희망일 수 있었다. 한 생을 부려놓았던 논 속에 물이 고여, 물 속에서 산은 다시 산이 되었다. 스스로 묻을 수 없는 마지막 삽질이 찔레꽃 향기에 취해 주저앉았고 때 아닌 국화꽃 한 아름이 향기 없이 바닥에 뒹굴고 있었다. 국밥 위에 얹은 깍두기 대신에 꽃 한 송이 붉게 피어 있었다.

꼬리는 너무 쉽게 떨어졌다

　기운이 다한 여름이었다. 왕이라는 추임새에 이끌려 롯데백화점은 개미들로 바글거렸다. 지하철 구멍을 빠져나온 일개미들이 교보문고에서 알집을 터뜨리고 있었다. 검은 명조체가 바닥에 흩어졌다. 나는 가랑잎을 물고 계단에서 헐떡거렸다. 이순신 장군은 오른손에 검집을 쥐고 있었는데 그는 왼손잡이이거나 패장이었을 것이다. 소니전자 광고판이 그것을 보고 웃었다. 중앙청이 없어져서 늙은 개미가 길을 잃었다. 파란 구름이 시청 앞 분수대로 날아갔고 개미들이 무질서하게 이동하였다.
　현대해상 건물에서 거대한 도마뱀이 나왔다. 폭풍이 불고 번개가 치자 도마뱀은 꼬리만을 남기고 광화문 지하도 속으로 사라졌다. 남겨진 꼬리에 개미들이 개미떼처럼 붙었다. 미대사관 주변에서는 병정개미들이 서성댔는데 그들은 코카콜라를 마시며 태양을 견디고 있었다. 건너편 세종문화회관 계단에는 보리밭이 있었고 그 속에서 여왕개미가 천 씨씨 맥주를 마셨다. 빳빳한 분수대가 늙은 덕수궁을 바라보았고 겸재 정선의 인왕산도가 안개에 젖었다.
　광화문에는 느티나무 숲이 있었다. 숲 밑에는 개미굴이 있었는데 도마뱀이 그곳의 개미들을 잡아먹으며 살았다. 숲에는 도마뱀의 꼬리가 즐비하였다. 비만의 도마뱀 꼬리는 너무 쉽게 떨어졌다. 시 청사 위에는 낮달이 혼자 놀고 있었다. 나는 꼬리뼈의 흔적을 찾아 경복궁 쪽으로 걸었다.

□ 당선소감 · 이덕완

새천년엔 사람들의 숲에서
사랑과 희망을 벼리고 싶어

　풀무질을 했다. 담금질과 망치질도 했다. 푸르게 벼려진 도끼를 들고 자작나무 숲으로 들어갔다. 들판에서 신작로에서 모두 써버린 낮 시간들, 저녁 어스름에야 도착한 숲에는 너무나 많은 나무들로 가득하다. 좋은 나무 한 짐만 하고 싶다. 아궁이에 지펴져 윤기 흐르는 쌀밥 한 그릇 짓고 싶다. 아랫목을 따뜻하게 데우고 싶다. 노을 속에서 울리는 도끼질 소리가 맑게맑게 숲 속에서 메아리치고 달빛 아래에서는 파란 영혼이 자작나무 밑둥을 넘기리라.
　빈 지게의 멜빵을 내 어깨에 걸려주시고 손에 도끼자루를 쥐어주신 심사위원님들께 감사드린다. 지게 가득 나무 한 짐 하는 것으로 보답하겠다. 신춘문예가 뭔지는 모르시지만 기뻐하시는 노모와 IMF 한파에 농촌까지 밀려와 마른 풀잎처럼 사는 아내에게 위로가 되기를 바란다. 시쓰기보다는 시인이 무엇인지를 가르쳐주신 이영진 선생님을 비롯하여 김진경, 김사인, 김형수, 임영조 선생님들께 감사드리며 함께 공부한 중앙대학교 예술대학원 문예창작 전문가과정 문우들과 기쁨을 나누고 싶다. 특히 나를 위해 뒤에서 격려해준 분들께 고마움을 전한다.
　새로운 천년도에는 저 사람들의 숲으로 들어가 사랑과 희망을 벼리고 싶다. 기쁘다.

□ 심사평 · 대한매일

개운하고 세련된 맛

작품의 수준으로 보면 대여섯 명이 비슷하다. 그런데「건봉사 불이문」이 취해진 것은 현실적으로 그나마 진취적이라는 인상 때문이다. 이 시는 기술면에서 보면 그렇게 새로운 점이나 무슨 특성이 있는 것은 아니다. 그런데 노래가 듣기에 개운하고 또 한편 침통한 맛을 전해주니 이것은 이 작가가 구사하는 작품의 비결이 아닐까 한다.

결국 하고자 하는 말은 인간무상이나 그렇더라도 이 시가 풍기는 멋은 매우 세련되어 있다. 좀더 적극적인 현실참여, 혹은 역사적 실천의 사상적 배경이 뒤에 묻어 나왔더라면 아마 이덕완은 큰 시인 소리를 장차 듣게 되지 않을까. 삶의 진실과 체험! 그것을 더욱 돈독히 할 것을 당부드린다.

문신의「다도해」는 카메라 기술이 비범하다. 이 경우 떠들썩하게 쓰지 않고 내면 리듬을 지속하여 잘 나타낸 것, 꼭 필요한 대상이나 물체를 서두르지 않고 형상화한 점,「건봉사 불이문」작가가 못 가진 장점을 지녔다. 참신한 언어선택, 이것은 문신의 커다란 힘이다.

한편 김경진의「어디서 시작할까」는 고심한 자취가 드러나는 단시로서 이 작품 역시 마지막까지 주목되는 대상 가운데 하나였다. 시인은 생명력이 길다. 서둘지 말고 큰 시인 되는 초연한 길을 가도록 하면 되는 거다. 소재가 항상 새롭다는 데 비해 말의 경제가 약간 수월해진다는 것은 경계할 일이 아닐까.

최기순의「가을산」이 표현력이 뛰어나다는 것은 수긍이 가나 시작과 맺음의 감동이나 감정이 조금 느슨한 것 같다. 이 작품 역시 이번 기회에는 아깝게 놓치고 만다.

심사위원 : 김규동 · 문정희

이승수

1973년 서울 출생
한림대학교 국어국문학과 졸업
2000년 동아일보 신춘문예 시 당선
서울시 도봉구 도봉2동 삼환아파트 1동 604호
Tel. 954-0803

● 동아일보 / 시
고 래

□ 동아일보 시 당선작

고 래

아까부터 내 옆에 앉은 사내가
쿨룩쿨룩 기침을 하며 전철 바닥에
누런 갈매기들을 토해낼 때마다
그가 멸치떼를 쫓아다녔는지
오징어를 잡으러 다녔는지는
도무지 알 수가 없지만
〈과녁을 맞히려면 과녁 위를 겨냥하라〉*는
구절에 이르러 나는
마구 흩어지고 있는 활자들을
애써 끌어 모아야 했다 그는
과녁 대신 자신의 다리를 찌른 듯이
한참을 절룩대다 앉았기 때문이다
그가 유일하게 피워낼 수 있는 것은
솔기가 다 닳아 구지레해진 바지 주머니에서
떨리는 손으로 꺼내어 간신히 입에 문
〈장미〉담배가 전부일지도 모르기 때문이다
그의 성한 무릎 위에는 어린 계집 아이가
마지막 남은 영토를 지키듯 그렇게 매달려 있었고
뒤돌아 노려본 창문의 하늘엔 새들이 잠시
내뱉아진 침으로 흘렀다 그의
두눈에선 독기오른 작살이 금방이라도 튀어나올 것 같아

기어이 나는 책을 떨어뜨리고 또 활자들은 모조리
바닥 위에 쏟아졌지만 한남, 옥수, 응봉
세 개의 海域을 지나는 동안 웬일인지 그의
시선은 바닥에 꽂혀 있었다
기침 소리는 점점 멀어지고 크르릉대며 전철이 서고
혈흔 같은 그의 딸이 손도 잡아 주지 않는
아비의 발자국을 지우며 뒤따라 나간다
병들고 괴팍한 선장과 헤어졌으니
선원들의 불만 섞인 술렁임도 이제 더는 없으리
저 사내는 지금 어디로 가는 것일까
인천 바다를 아주 떠나고 싶은 것일까
책을 주우며 무심코 올려다본 전철의 천장은
묘하기도 하지, 궁륭 모양으로 부풀며
제 흰 뼈대를 드러내고 있었다!
시간은 자정을 향해 조금씩 깊어 가는데
남겨진 사람들
출렁이는 물살에 이리저리 내몰리다가
몇몇은 토해지고 몇몇은 그대로 잠이 든다
나는 가만히 책을 주웠다

* 에머슨

□ 신작시 5편

나는 진열중이다

　진열장 안에 장갑이 있다 그 장갑을 지켜보고 있는 나는 진열품 같다 하나의 손바닥이 되어 그 장갑 속으로 들어가고 싶은, 내가 돌연 동굴 안에 있다 어둡고 따뜻하지만 여기저기 공명되지 않아 의심스러운, 동굴 안. 그러나 늘 소음은 바깥에 있다 반복은 즐거웁다, 라는 여인의 메아리가, 빨라지는 심장 박동이, 그 버둥거리는 리듬에 기원 전,

　알타미라의 들소들이 잠을 깬다 더, 더, 아아 한 마리라도 더. 들소들이 늘어난다 우우우 떼로 몰려갔다 몰려나온다 무수히 작살을 내던지는 소리에, 지축을 울리며 무너지는 소리가, 도랑을 타고 검붉은 핏물들이, 점점 기다려지기만 하는 이 고맙고 고마운, 동굴 안의 즐거운 칩거.

　해 속에 또 다른 해가 스민 듯 대낮보다 밝게 이글거리는 밤, 마치 제가 江이라도 된 듯 幹線과 支線이 무차별하게 흘레붙어버린 도로, 아직 완성되지 않은 신축 건물들조차 늑골과 늑골이 저리도 서로를 완강히 껴안고 있다. 마침 제 허리를 급하게 부벼댄 두 대의 車 덕분에 더욱 요란해진, 창 밖, 이 버스 창 밖, 붓으로 덧댈 자리 하나 없는 풍경, 태고적부터 계속 되어온 인류의 이 음란한 벽화.

 저 창 밖의 소음들 속에 미처 섞이지 못한, 앞좌석의 그녀는 졸고 있는 중이고, 장갑 속의 손가락들은 저희끼리 꿈틀대고 있는 중이고, 그러므로 나, 나는 여전히 진열중인 것이다 이 덩그란 동굴 안, 제멋대로 덜컹거리는.

흰 뱀이 흰 뱀에 물려

어딘지 내리는 비가 홀연하지 머리칼이 하얘진 것도 아닌데 귀 먹먹한 비가 오지 시름시름 앓는 소리 매를 맞고 있나봐 죽는 소릴 해 달려갔더니 모두들 흘러가버렸어 아무도 신경쓰지 않는 건가 한 계절이 이렇게 내쫓기는데도

처매두었던 나무 홈통에 물이 이끌리는 소리 손잡고 함께 빨려들어갔던 기억 홈홈하지 지금도 눈감으면 떠오르지 매끈하게 헤엄칠 수 있어 빗물만으로도 황량함을 벗은 거리에서 실은 누구나 희디흰 물뱀이지 들어보면 뒤척이는 소리들이 아름다운, 거세어지도록 흩뿌려도 좋아 그러면 더욱 크게 숨을 쉬는 거야, 입술에선 하얗게 김이 나고 밤이 깊어 홀연하게 달려오던 관광버스 구렁이처럼 덩치가 커다란

횡단보도가 그만 물려버렸지 하필 신호에 걸려 다 점령당했지 조금씩 피가 새어 나오듯 사람들이 아프게 便을 바꾸는 게 보여 기침이 나고 피가 섞여 튀어나간 침방울들 헤엄치는 건가 새 애인이 생기고 새 주소가 생기고 있는 힘 다해 그리로 헤엄쳐 가고 있는 건가

언제나 끼리끼리 몰려 다니는 구름들은 힘이 세지 수군대지

아프지 않지 잘 다니는 길들만 진창을 만들어놔도, 그래 다음 계절의 비를 맞겠지 다시 누군가와 한 편이 되겠지 비가 흩뿌려진 보도 위로 하얗게 피어오르는 게 뭐지 거리 전역에서 몇 祭를 드리고 있었던가 홀연하게 올라오는 게 그래, 다시 그대 머리칼이야 하얗게 쫓겨날 때까지만

   살라야 돼 향불을 사르며 홈홈해 해야 해 秋分인 거야 내일은 흰 뱀과 흰 뱀이 얽혀드는 목에선 조금씩 피도 나겠지만 아마 서로 제 편을 가지려 들겠지만 아무도 쫓겨나지 않았으면 좋겠지만

버 릇

머리카락 대신 뿔이 자랐죠
모, 못된 뿔이
자라다 못해 울창해진 숲
네 개의 거울 문에 비춰진
미운 다섯 살.
여, 여기에서 나가고 싶어
새들, 저 새들
어쩔까, 이 뿔로 찌르고 싶어
검은 하늘 아래 눈 내린 평원이 아닌
흰 덩어리와 덩어리, 아니면
저물어 검은 덩어리들이었거나
지평선이 없는 그 나라에 자꾸 유혹되는
새들이 나는 싫었죠
가려워, 정말 가려웠어
새벽녘의 깔깔거리는 웃음 소리가
천한 문신이 되어
내 온몸을 돌아다닐 땐

그, 그때부터였나봐
자개장의 문짝들 위를 등으로 비벼대는

정말 이상한 버릇이 생겨난 것은.

어떤 저녁은 코뿔소이다

성당의 종루에서 비둘기들이
비듬 털리듯 떨려난다 어깨를 빌릴 곳 없는
그들은 저희들끼리 무리를 진다 등변 삼각형 안에
잠시 저물녘의 하늘이 갇힌다 자, 안정감있게
뎅 뎅 뎅
트라이앵글과 학예회와 친구들
이크, 편대가 무너진다
저희끼리 이룬 종소리에도 놀라?
함께 연주하던 십이음계, 반음씩만
날아간다 쓴 약을 삼키던 네가 쓴 약 같았던
시절도 이렇게 반음씩 날아가 버린다면

새들의 편대가 점점 뾰족해진다
등뒤를 좇으며 자꾸만 나를 민다
네가 하얗게 떨려나던
그날의 종소리
먼지가 인다
어떤 저녁이 통째로 몰려온다

葬禮式 情景

낯선 문수의 신발들이 몰고 온 소리 다락방에서 광에서 꺼내고 꺼내어 널부러진 床들 위로 부랴부랴 잘 짜여진 관 속에 어스름의 저녁이면 가지런히 눕게 될 저 수저들의 아직은 챙챙거리며 부딪는 울림 끝에

살아 살아 어쩌면 벌떡 일어설 것만 같은 노름 소리마저 별 수없이 멱살을 잡히게 되는 이 날벼락의 아침 속에 깔깔대며 히죽대며 그건 몰랐지, 정말 몰랐지, 사람 뒤통수를 치며 웃어대는

아낙들의, 저 얄미운 아낙들의 참새 같은 수다 곁에 사람 좋은 그이가 수박을 깨문다 어이 시원타, 어이 달다, 떡, 지짐, 식혜, 약과들을 쉼없이 자시던 어느 날의 잔치상이 한 번 더 벌어진 듯도 한데

이걸 어째, 내게로 오는 소리 그이의 입 속에 들은 산적 고기가 내게로 와, 무섭고 더러워서 나는 싫어 진저리를 쳐대며 도망을 가다 아 글쎄, 질겨서 못 쓴다니깐, 무엇이든 먼저 씹혀 내게로 왔던

___

 구정물 같은 소리들을 피해 문을 잠궈 그, 그곳에 아직 치워지지 않은 칫솔이 있다 입 안 깊숙이 박아 넣어 부풀다 못해 끓어 오르는 뭇소리 오래도록 닦아내야 할 이,

 닦는 소리 세면실 벽을 타고 울려오는 내 이 닦는 소리.

□ 당선소감 · 이승수

슬픔의 힘이 내 詩의 자양분

　몇년 전 어느 날인가 새벽녘까지 잠을 이루지 못하였다. 마당에 심겨진 우리 벚나무가 간밤의 비바람에 그 고운 이파리들을 거의 잃었기 때문이다. 자연스레 꽃이 지고 잎이 떨어지는 날까지 나는 나의 신산한 마음들을 그에게 기대고 싶었던 것인데, 제때에 지지 못한 벚나무의 흉곽에선 슬픈 가락들만이 텅텅 울려나왔다. 빈 가지 사이를 마구 통과하는 바람은 오래된 악기를 함부로 취급하는 연주자와 같았다.
　그러나 다음해 벚나무가 다시 꽃을 가졌을 때, 어떠한 엄한 바람에도 그 이파리를 쉽게 잃지 않았다. 아니 처음부터 엄한 바람은 없었는지도 모른다. 바람은 벚나무를 껴안으려 했던 것인지도 모른다. 힘차게 품어 안아 기르려 했던 것인지도 모른다.
　詩는 이러한 逆轉의 사고를 나에게 주었다. 나는 詩를 읽고 쓰게 된 뒤부터 바람이 불면 온몸을 내맡기며 팔을 가지처럼 뻗는 버릇이 생겼다. 제발 날 좀더 껴안아 주시라고, 그래서 나를 더 튼실히 가꿔나가게 해달라고.
　슬픔의 힘을 빌어 죽는다고 누군가는 말했다. 그러나 나는 슬픔의 힘을 빌어 시를 쓰겠다. 나를 시인으로 만들어 주신 두 심사위원 김혜순 선생님과 김사인 선생님, 동아일보사에 진심으로 감사드린다.
　그리고 김은자 선생님께 감사드린다. 나는 선생님을 만나 뵙고서야 師父一體라는 옛말이 진리임을 깨달았다. 내게 시를 알려주신 맨 처음의 스승이시자 쓰러져 있던 나를 다시 일으켜 세워 주신 분. 부디 詩에서만은 내가 선생님께 不孝하지 않기를 스스로에게 고할 뿐이다.

또한 모교에 계신 정덕준 선생님과 국어국문학과 은사님들, 철학과의 장춘익 선생님, 영문학과의 김 번 선생님, 심재휘 시인과 권혁웅 시인께 감사드린다. 모두 지금의 나를 가능케 해주신 분들이다. 그리고 사랑하는 부모님과 형제들, 한림대의 '시모리' 문우들과 이 기쁨을 함께 나누고 싶다.

□ 심사평·동아일보

발랄하고 열정적… 될 성싶은 떡잎

올해에도 1500명이 넘는 분들이 응모해 주셨다. 그 어떤 물질적 보상도 기약되기 어려운 일에 자신을 쏟아붓는 그들의 재능과 노고에 오늘의 우리 시는 크게 신세지고 있다. 각별한 감사와 격려의 뜻을 전한다. 예심을 거쳐 올라온 20여 명의 후보들을 놓고 우리는 적지 않게 고심했다. 저마다의 재능과 수련을 수긍할 수 있었지만, 또 모두 그만큼씩의 아쉬움이 있었기 때문이다. 새로운 상상력, 예민한 미적 균형감각, 시에 임하는 구도적 열정의 가능성을 신인에게 기대하는 것은 필연이며 제도로서의 신춘문예의 사명은 그러한 새 재능의 발굴에 있는 것이다.

신덕환 이영주 김병기 김규 최한 신동언 양해기 이승수 씨의 시를 우선 물망에 올려 검토했다. 신덕환 씨와 이영주 씨의 시는 그 안정감과 시선의 깊이에 패기와 긴장감이 보태졌으면 더 좋았을 것이다. 김병기 씨의 독특한 문장과 팽팽한 결말들은 매력적이었으나 비문(非文)의 빈발이 지적되었다. 김규, 최한 씨는 그 수준급의 시적 조형능력과 감각의 자유로움이 좀더 깊고 신실한 내적 근거를 가질 여지가 있다고 보았다. 신동언 씨의 후반부 시편들은 이의가 없을 만큼 높은 완성도의 것이었으나 전체적으로 자기 답습이 반복되고 있다는 인상을 지우기 어려웠다.

결국 양해기, 이승수 씨로 후보를 압축한 후에도 결론은 쉽지 않았다. 양해기 씨의 시를 깊고 어른스럽다고 한다면 이승수 씨는 발랄하고 열정적이었으며, 양해기 씨가 견실하고 잘 정돈된 대신 어딘가 닫혀 있는 느낌이라면 이승수 씨는 진취적인 만큼 일말의 산만함과 치기를 부담으로 거느리고 있었다. 우리는 진통 끝에 이승수 씨의 '젊은 열정'을 앞자리에 놓기로 합의했다. 거기에는 양해기 씨의 시들이 고르기는 했지만 '이 한편'이라고 집어 말할 만한 작품이 마땅찮았던 점도 크게 작용했다.

심사위원 : 김혜순·김사인

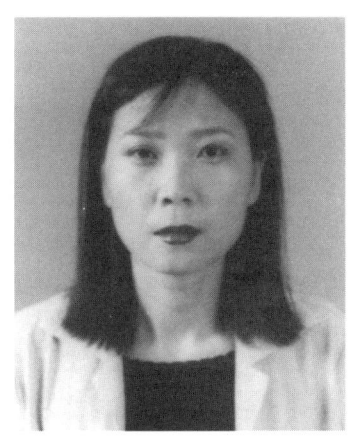

정진경

1962년 부산 출생
동아대학교 국어국문학과 졸업
현대문화센터문학아카데미 수료
2000년 부산일보 신춘문예 시 당선
부산시 부산진구 당감3동 791번지 국제백양아파트 9동 401호
Tel. (051)897-5871

● 부산일보 / 시
알타미라 벽화

□ 부산일보 시 당선작

알타미라 벽화

1
　통로는 좁았어요 에스컬레이터로 도착한 층계에서 핸드백 같은 하이힐 같은 그리고 벨트 같은 짐승들의 허울을 보았어요 내게도 하나쯤 매달려 있는 쇠가죽 핸드백 지퍼를 열 때마다 슬프게 눈 껌벅거리는 황소의 긴 숨소리가 옆구리에 지근지근 파고들었어요 세상 모든 짐승들이 내뿜는 숨소리의 올가미에 나는 깔려 있었어요 어둠을 찍어 짐승들은 내 뇌리에 벽화 하나씩 그리기 시작했어요 뿔을 그리고 등뼈를 그렸어요 천정 어디쯤엔 별 몇 개 옛날의 수림을 찾아 푸른 눈망울을 반짝이고 있었어요 층계를 빠져나오기도 전에 슬픔을 껴안은 조그만 동굴 하나 수렁처럼 아득히 뚫려 있었어요

2
　그날은 아마 빨간 딱지로 표시된 일요일이었지요 아직 떨어질 수 없는 홍조 띤 잎새를 배경으로 벤치에 앉은 굽신한 등이 눈에 들어왔어요 미동도 하지 않았어요 털갈이 중인 비둘기들 땅콩 모이로 더 여문 살이 오르고 있었어요 철제다리 너머, 잎새든 깃털이든 상관없는 바람이 불고 벤치와 벤치 사이 깃털 같은 흙먼지가 벤치의 발목을 잡고 놀았어요 빨간 딱지로 표시된 일요일이라고 지루한 평화라고 말하는 듯했어요

알타미라 벽화*였어요 황소 눈알 같은 슬픈 껌벅임이 들리는 듯했어요

   *알타미라 벽화 : 알타미라 동굴에 원시인들이 그려놓은 짐승들의 그림.

□ 신작시 5편

21세기, 입주를 앞두고

청동거울을 본다 녹핀 얼굴이 보이지 않는다 막 뜯어낸 거즈에 아세톤을 묻히고 세월을 닦아 낸다

청동거울 위로 용솟음치는 역사의 질긴 뿌리

녹슨 시간을 닦아 온 여자의 눈이 거울 밖의 나를 응시한다 승전고를 기다리는 여자의 고막을 뚫는 라디오 음향 효과, 전쟁터로 떠나는 족장들의 말발굽 소리가 멀어진다 라디오는 말등을 타고 뛴다 화살통 같은 서류 가방을 들고 전동차 안에서도 파발을 띄우는 사내들 이동 전화의 회선이 엉기는 공중에서도 전쟁은 시작된다 역사의 빠른 회전문이 돈다 사내들이 잠궈 놓은 역사의 비밀 번호를 찾는 거울 속의 여자는, 역사책 한귀퉁이에서 인화된 질긴 뿌리였던 것일까 미래의 시나리오를 쓰는 우리 모두 부러진 깃발 같은 플래카드에 쓰인

'21세기 입주를 환영합니다' 라는 구호만 읽을 뿐

복원된 청동거울 이빠진 주둥이처럼 역사의 흠집, 침묵을 스크럼하지는 못한다.

전송 번호 2000, 관창에게

  이두를 몰라 수화(手話)로 할게요
  계백의 칼에 오히려 목을 내어준 당신, 날마다 길어 올리는 역사 그 웅덩이에 고여 있어요 두레박 가득 왕조의 혁명 같은 피비린 냄새 끈적거려요 성골인지 진골인지 알 수 없는 이 시대의 화랑들, 힙합바지를 입은 오렌지족 황산벌쯤은 아무렇지도 않게 정복하죠 아주 혈통 좋은 말(馬), 무소를 타고 가죠 나의 수화는 랩처럼 빠른 몸짓이 아니에요 아크릴 번쩍이는 간판 밑에서도 부릅 뜬 눈, 삼국통일을 향해 달리는 당신의 말처럼 거침없이 페달을 밟죠 구불텅한 역사의 활자체, 달콤한 찬사에 길들어가는 당신은 천 년 동안 피운 감탄사의 꽃 속에서 무디어진 귀를 만지고 있군요 귀머거리 같은 후예들 키치 세대들이 거리를 떠돌아요 황산벌에 잠든 함성을 일으켜 세우는 당신의 토르소, 메두사 같은 망령으로 일어서는 신라의 후예는 슬퍼요 순수한 족보에 대한 그리움으로 진저리칠 밀레니엄, 이제는 봉합해야 할 또 한 천년의 매듭 앞에서 화농처럼 부풀어오르는 역사의 늙은 눈
  무성한 그리움으로 전송하는 이메일

  사랑해요 우리, 수화로

나를 튕겨 보세요

　나를 튕겨 보세요 북극 야생화 같은 깡마른 노래가 흐를거예요 어디론가 흘러다니는 행려의 버릇, 눈보라를 꿈꿀 거예요 담석처럼 박힌 전대미문의 응어리가 툰드라 곳곳에서 튕겨 나올 거예요
　성난 암코양이 눈으로 나를 튕겨 보세요 당신과 악수한 내 손이 갈퀴가 아니라는 것 알 수 있을 거예요 그러나 갈퀴예요 가시 손톱을 감춘 내 암호예요 스스로를 찌른 약삭빠른 상처, 풍진처럼 온몸에 곪아 터져요 인간의 껍질 안에 몹쓸 독을 감춘 악바리가 이따금 나란 말이에요 등을 둥글게 말고 잠을 자는 습성, 날개 돋지 않는 겨드랑이 새로 퍼덕이는 내 천성 아프지요

　　나를 튕겨 보세요
　　잠을 자면서도 놓지 않는
　　끈끈한 탯줄이 만져질 거예요
　　빛이 없는 골방
　　내 자폐증은
　　깊은 바닥에서 꿈틀거릴 거예요

허기진 눈

 허블망원경보다 선명한 2.0의 시력은 내 허기를 채우는 빨대이죠 여름내 빨아들인 맨드라미의 붉은 입술은 위 점막에 붙어 부적이 되었어요 책을 보면 행간에 숨은 벌레들이 빨려들어오고 자동차를 보면 펑크날 운명 바퀴까지 빨려들어와요
 발효되기도 전에 먹은 골드문트와 나르시스, 그들은 내 속에서 변비로 남았어요 때로는 내 콩팥에 붙어 신부전증을 일으키기도 하는 골드문트, 아무것도 꽃으로 피우지 못하는 나는 만성 소화불량에 시달리지요 트림을 하고 식은 노래 몇 소절 입안으로 굴리지요
 뭉글거리며 다가오는 저녁 연기가 몽환처럼 내 목을 죄고 있어요 누렇게 뜬 나 몽환마저 다 먹어치워야 하는 목메인 형벌에 시달리고 있어요 잠자리 속에서도 입을 오물거리며 새김질을 하죠
 아무것도 꽃피울 수 없는 무정란의 나, 허기진 빨대 속으로 후루룩 빨려 들어가지요

그녀의 눈에 닿는 세상은

햇빛 속에서
그녀의 동공이 움츠러든다
흘림글씨처럼 굴절되어 미끄러지는

그녀의 망막 속으로 의자가 찌그러진다 아메바처럼 의자 다리가 분해된다. 왼쪽 다리 두 개가 발밑에서 망가진다 네 개의 다리가 일곱 개의 다리가 아홉 개의 다리가 망가진다 망가진 다리를 찾아 계단에 선다 오후 늦도록 잃어버린 다리가 잃어버린 짝을 찾아 망가진다 아홉 개를 잃는 건 한 개를 잃는 일이다 그녀 눈빛이 의자 밑에 망가진다 아직 눈에 띄지 않는 다리를 찾아 그녀는 계단을 내려선다

하루 하루 풀어내는 삶
베체트*에 쫓겨다닌다
미세한 햇빛 속에서
정직하게 보이지 않는 의자를
꽉 움켜쥔다

* 베체트는 면역체계에 이상이 생겨 눈까지도 이상이 있는 병.

□ 당선소감 · 정진경

따뜻한 시선으로 세상을 헤집겠다

당선 소식을 접하면서 머리속이 백지가 되었다. 지난 시간이 깡그리 지워지고 당장 해야 할 말들도 생각이 나지 않았다. 끝과 시작이 교차하는 순간이었다.

파일 속에 끼워둔 내 시들을 들여다보았다. 부드러운 빛깔을 지닌 시보다는 씁쓸한 액을 게워내는 어두운 시들, 아름다운 노래는 내 몫이 아닌 듯이 보였다. 언젠가 우포늪에 갔을 때였다. 내 감성을 헤집는 것들은 원시늪 깊숙한 곳에서 들려오는 곤충들의 울음 소리가 아니었다. 생태계를 위협하는 경비행기 퍼덕이는 소리, 입구에 걸린 플래카드에 적힌 '침묵의 봄'을 예고하는 경고문이었다.

이렇게 탄생된 시들을 보면서 이제는, 따뜻한 시선으로 세상을 헤집어야 한다고 생각했다. 시를 공부하면서 쌓은 절망의 추들을 하나씩 내리고 더 가파른 시의 길로 기꺼이 들어서리라 다짐한다.

오늘 이 소식으로, 절망해야 할 많은 시간들을 탕감해 주신 고마운 분들이 너무나 많다. 옹알이 같은 시들을 어엿하게 키워주신 유병근 선생님, 그리고 시에 대한 진정한 사랑이 무엇인지 일깨워 주신 김경복 선생님께 감사드린다. 시로 인해 인연이 닿았던 여러 선생님들, 부족한 시를 인정해 주신 심사위원님들께도 감사드린다. 삼전사기의 오기를 받아주신 부산일보사에게도 진심으로 감사드리며 서로에게 힘이 되어 주었던 문우들에게 고맙다는 말 하고 싶다. 이 모든 분들께 보답하는 길은 끊임없이 나를 채찍질하는 것뿐이다.

□ 심사평 · 부산일보

리듬이 출렁거리는, 구조를 빚는 힘

마지막으로 「봉쇄령」 「연극 〈자본주의에의 편지〉를 보고」, 「돌멩이, 바퀴가 밟고 간」, 「알타미라 벽화」의 네 편이 남았다. 그중 「봉쇄령」은 상상력의 전개는 좋으나, 작위적이라는 느낌을 강하게 받았다. 시의 언어도 이미지로 된 허구의 집을 지어야 하는 것이라고 한다면, 리얼리즘의 필연성과 진정성 위에 서 있어야 할 것이다. 다시 말하면 그것이 읽은 이에게 허구라고 느껴지면 그 시는 실패한 것이 아닐까. 시의 허구는 리얼리즘인 동시에 리얼리즘이 아니어야 하는 것이다.

「봉쇄령」에 비하면 「연극 〈자본주의에의 편지〉를 보고」는 대단한 리얼리즘의 허구 위에 서 있으면서도 미처 리얼리즘이 되지 못하고 있었다. 다시 말하면 빚는 힘이 없다고 할까.

이상과 같은 이유로 두 편은 일단 논의에서 제외하기로 하였다. 남은 시들은 「돌멩이…」 「알타미라…」의 두 편이었다. 이 두 편은 모두 리얼리즘 위에 서 있었다. 그만큼 두 시의 은유들은 필연성과 진정성의 울림을 가지고 읽는 이의 가슴 속으로 달려들어왔다.

특히 「돌멩이…」의 경우에 보이는 언어의 솜씨는 놀라운 바가 있었다. 그 언어의 울림 위에서 자기 세계를 상당히 열심히 만들고 있었다. 그러나 「알타미라…」의 '리듬이 출렁거리는, 구조를 빚는 힘'에는 당하지 못한다고 생각되었다. 즉 「알타미라…」는 언어의 아름다운 집을 짓고 있을 뿐 아니라('지루한 평화'와 같은 표현은 신인으로서는 놀랍다고 생각된다) 이미지의 일관성과 함께 리듬이 출렁거리는 듯한 느낌마저 준다. 그래서 심사위원들은 「알타미라…」를 당선작으로 하는 데 의견의 일치를 보았다. 당선자는 새로운 시인으로서 '일관성 있는, 뛰어난 이미지'와 함께 작가 특유의 그 '출렁거리는 리듬'을 지켜가기를 바란다. 그러나 다른 응모자들도 절대로, 자신의 장점이라고 생각하는 바를 버려서는 안될 것이다. 모두 정진하기를 빈다.

심사위원 : 황동규 · 강은교

조 정

1956년 전남 영암 출생
1998년 국민일보 신앙시 공모 최우수상
한국문학학교에서 시를 공부함
현재 사랑의 교회〈우리〉신문 편집장
2000년 한국일보 신춘문예 시 당선
서울시 강남구 포이동 185-1 현대빌라 A동 301호
Tel. 572-8338

● 한국일보 / 시
이발소 그림처럼

□ 한국일보 시 당선작

이발소 그림처럼

풀은 한 번도 초록빛인 적이 없다
새는 한 번도 노래를 한 적이 없다
해는 한 번도 타오른 적이 없다
치자꽃은 한 번도 치자나무에 꽃 핀 적이 없다
뒤통수에 수은이 드문드문 벗겨진
거울을 피해
나무들이 숨을 멈춘 채 그림 속으로 걸어 들어왔다
지친 식탁이 내 늑골 안으로 몸을 구부렸다
밤이 지나가고
문 밖에 아침이 검은 추를 끌며 지나가고
빈 의자에 앉아
밖을 내다보면
회색 아이들이 가방을 메고 학교에 가고 있었다
나는 다시 잠에 들어 두 편의 꿈을 꾸었다
풀은 흐리고
새는 고요하고
해는 타오르지 않고
티베트 상인에게서 사온 테이블보를 들추고
식탁 아래 몸을 구부렸다
자꾸만 어디다 무엇을 흘리고 오는데

목록을 만들 수조차 없었다
허둥지둥 자동차를 타고 되짚어 가는 꿈은 유용하다
탱자나무 가시에 심장을 얹어두고
돌아온 날도
나는 엎드려 자며 하루를 보냈다
삶이 나를
이발소 그림처럼 지루하게 여기는 눈치였다

□ 신작시 5편

국립현대미술관의 태고

그렇게 시작되고 있었다
번쩍거리는 스테인레스 풀벌레들이 전시되고 있었다
이제 막 벌레들은 더듬이를 문질러 노래를 시작할 기색이었다
차가운 그 노래가 듣기도 전에 무서워졌다
나는 그만 사산되고 싶었다
백남준의 비디오타워에서 전송이 왔다
개도 신이 될 수 있다
그렇다면 차라리 개가 되고 싶었다
거지반 충동적이고 거지반 희극적인 연애처럼
화가는 발길로 변심당한 풍경을 걷어차고
깨진 그림 사이에서 사람들은 배가 고파 울고 있었다
초조한 액자에 세상을 수습하며
해는 이제 화장을 지울 틈도 없이 산과 바다를 오르내린다
여자도 어머니도 아닌 미인도 옆에
백색 슬라이드 화면을 깐 남자가 꿈틀거렸다
다행히 생의 진보는 아직까지 헛구역질로부터 시작되고 있어서
발정난 말들이 결혼식을 하는 자리
웨딩드레스 자락에 먼저 먹은 허백련을 다 토할 뻔했다

건넌방에서는 나혜석이 캉캉을 추고
사랑채에서는 목 잘린 황지우가 철조망에 묶여 나뒹굴었다
아직 길을 찾아낸 사람은 없어 보였다
개는 개고 신은 신이다
내 뱃속의 나를 타이르며 문을 나섰다
정문 밖 하늘이 나를 불끈 들어 올리는 서슬에
큰 숨을 몰아 연둣빛 풀벌레 한 마리를 쑥 낳았다
맨 하늘 아래 벌거벗은 벌레가 계단을 걸어 내려가는
인생이 만고에 빛나는 퍼포먼스였다

아주 오래된 책에서

이 가벼운 유골
좀 차겠지
마른 꽃
진달래인지 철쭉인지
내가 왜 이 꽃을 따서 넣었는지
꽃물에 지질려 얼룩진
몇 글자가 내 눈물 자국은 아니었는지
꽃술이 닿은 언저리에 거멓게 곰팡이가 슬었다
속지에 기울여 쓴 1975년 8월 광화문
반은 투명한 꽃에
눈물이 마르지 않고 흐르다가
넘친다
이 끝에서 저 끝까지 너무 먼길을
먼지벌레가 활자 사이로
영원히 기어간다
아주 오래된
눈물을 닦아 흙으로 돌려보내고
나는 오늘 꽃 한 송이를 이장했다

세한도

눈보라 한 포기
배춧잎처럼 푸르게 일어난다
소주잔을 나누던 상두꾼들이 혀를 찬다
피할 수 없다
열 계집을 더듬고 와도 피가 돌지 않는 삭풍
아버지가 끝내
이 큰바람으로 길을 닦으신다
새들도 하늘로 나서지 않는 강추위 속에
우리 어머니
낡은 목도리 두르고 상여 뒤를 따라가신다
우시는가
오래 헐벗은 마음을 불태우며 눈물이 흐른다
바람이 싸늘한 의수를 휘두른다
나무들이 이빨을 떨며
산을 내려온다

예술의 전당 앞은 신호가 길다

눈이 내립니다
누군가 세상에는 없는 사람이 그리워지는 길을 따라
나는 시적으로 운전을 합니다
눈은 온통 가슴 두근거리는 메모처럼 거리를 덮고
예술의 전당 앞
눈보라치는 화강암 담벼락에 각색 만장이 펄럭입니다
상두 소리가 쟁쟁합니다
상여 한 채가 떠 있습니다
우면산이 통째로 화장터가 되어 불붙는 소리가 들립니다
되새떼가 날아올라
내 뼛속에서 잔가지 부러지는 소리가 들립니다
뜨겁게 대나무 터지는 소리를 내며 타오르는 어머니를
제각각 火口 안에 밀어 넣고
검은 눈의 발자국으로 발 디딜 틈이 없는
허공을 지나
사람들이 땅 위에 지은 집으로 돌아갑니다
가슴에 쌓인 눈이 너무 깊어서
내 가슴을 빠져나오는 데도 백 년은 걸릴 것입니다
만장 속에 바리 공주가 생명수 한 초롱 들고 돌아올 것입니다

꿈일망정 돌아갈 길이 보이는 순간은 찬란합니다
붉은 등을 켜고 좌우로 늘어선
기다란 줄을
콘크리트 상여 같은 예술의 전당 앞에서는 견딜 만합니다

고국방문을 축하한다

서울産 짜장면을 통과해야
서울에 온 느낌이 확 드는 뉴요커가
단무지를 씹는다
카운터 위에서 떠드는 TV 뉴스를 가리킨다
저 노인들이 저 판에 아직 남았어?
보궐선거 결과 흐뭇한 어르신들 얼굴에 젓가락질을 한다
야, 너 이게 표준말로 자장면이라는 거 알아?
시끄러, 간판 바꾼다고 쥐나 개나 표준이냐
대한민국에 인물이 그렇게 없어?
흥분하지 마라
네가 드디어 苦國에 온 것이 아니냐
저 무자격 정치 마이스터들이
한정 없이 우리를 긴장시키는 건 사실이지만
아, 대한민국은 자주 불어터진 짜장면이지만
우리는 기다린다
머지않아 옛말하며 살 때가 오리니
늦어지는 짜장면 배달 외에 중요한 건 다 참고 산다
잔 받아라
고국 방문을 축하한다
너도 진흙탕 같은 객지에서 고생이 많았다

□ 당선소감·조 정

미지의 사원 안으로 첫발 내디딘 느낌

　참 기뻤다. 하나님께 감사했다. 아픈 일도 많고 시빗거리도 많았던 세밑에 큰 위로였다.
　어릴 때는 진지하게든 건성으로든 무언가를 읽고 있을 때가 가장 편안했다. 요즈음은 잘 쓰건 못 쓰건 시를 쓰고 있을 때가 가장 편안하다. 수시로 나의 목구멍에서 올라오는 푸른 나뭇가지를 컴퓨터 모니터에 옮겨 놓고 바라보면 나뭇가지는 서서히 변신한다. 투명하고 집중력 있는 명사들과 그 결이며 층의 주름이 윤택한 형용사들이 피어난다. 나는 피가 불끈거리는 동사들을 두 손에 나누어 쥔 채 때로는 실패하고 때로는 성공하는 園丁이다. 내가 가꾼 나무의 이름이 '꼭 필요한 언어만 열려 있는 시'가 되었으면 좋겠다.
　시아버지께, 환호하시는 친정아버지께 전화를 드리는 동안 슬금슬금 불안해졌다. 나는 아직 시를 모르기 때문이다. 무섭게 고요한 미지의 사원 안으로 첫발을 내디딘 것 같다. 이제 또 길이 어디인가? 이교도가 되지 않기를 바란다. 시 때문에 나의 신앙이 보류되지 않기를, 신앙 때문에 나의 시가 왜곡되지 않기를.
　내 시의 장점이 보였다면 단점 역시 도드라졌을 텐데, 뽑아주신 심사위원들께 감사를 드린다. "왜 자꾸 지각해요?" 소리 지르시던 한국문학학교 김정환 교장선생님께도 감사하다.

단조롭고 적막한 묘사가 잠언처럼 틀어박혀

　이채운의「꽃게와 달」은 나무랄 데 없는 한 편의 영상이다. 하지만, 그림 이상도 이하도 아니다.「구두의 가을」을 쓴 김여디는 촘촘한 묘사가 돋보였지만, 너무나 익숙하게 보아 온 시풍이라는 게 결정적인 힘이었다.「새벽의 물탱크」「공포의 빌딩」을 쓴 손현승은 아깝다. 생활의 곤고함과 글쓰기의 괴로움을 같은 이미지에 투영하면서 맞물리게 하는 솜씨가 남다르다. 그런데 지나치게 길다 보니, 이미지들의 연결에 무리가 생겼다. 마지막으로「그런 것이 아니다」를 쓴 김지혜와「이발소 그림처럼」의 조정이 남았다.
　「그런 것이 아니다」는 물건 보관함에 보따리를 우겨넣고 있는 노파를 묘사하고 있다. 묘사는 그냥 형상화가 아니다. 그것은 전염력이다. 묘사를 통해서 운명의 아가리에 삼켜진 삶의 어두운 심연이 저의 역겨운 냄새를 꾸역꾸역 피워올린다. 그것이 읽는 이의 세상 안에 암암히 퍼진다.「이발소 그림처럼」은 묘사처럼 보이지만 실은 대화이다. 그가 한없이 낡은 꼴로 그리고 있는 삶이 바로 대화 상대자다. 단조롭고 적막한 묘사가 잠언처럼 읽는 이의 눈 속으로 틀어박히고 있다. 여기까지 오니 낡아가는 것은 생이 아니라「나」임을 알겠다. 이 시가 대화인 소이이다.
　선자들은 조정의 손을 들어주기로 하였다. 김지혜는 아직 젊다. 젊다는 건 생의 지평선이 훨씬 넓게 열려 있다는 뜻이다.
　　　　　　　　　　　심사위원 : 이시영 · 정호승 · 정과리

최영신

1951년 출생
용문초등학교 졸업
배재대 사회교육원 시창작반 수료
2000년 조선일보 신춘문예 시 당선
대전시 서구 도마2동 양지타운 2동 703호
Tel. (042)531-6101

● 조선일보 / 시
우 물

□ 조선일보 시 당선작

우 물

　무너진 고향집 흙담 곁에 고요로 멈추어 선 우물 속을 들여다본다. 물을 퍼올리다 두레박 줄이 끊긴 자리, 우물 둘레는 황망히 뒤엉킨 잡초로 무성하다. 그 오래 올려지고 내려지다 시신경이 눌린 곳, 깜깜한 어둠만 가득 고여 지루한 여름을 헹구어낸다. 하품이 포물선처럼 그려졌다 사라진다. 내가 서서 바라보던 맑은 거울은 간 데 없이 사라지고 몇 겹인지 모를 시간의 더께만 켜켜이 깊다.
　지금처럼 태양이 불 지피는 삼복더위에 물 한 두레박의 부드러움이란. 지나간 날 육신의 목소리로 청춘의 갈증이 녹는 우물 속이라도 휘젓고 싶은 것. 거친 물결 미끈적이는 이끼의 돌벽에 머리 부딪히며 퍼올린 땅바닥의 모래알과 물이 모자란 땅울림은, 어린 시절 나를 놀라게 하고는 쉽게 사라지지 않았다. 인간과 물로 아프게 꼬여 간 끈, 땅 속으로 비오듯 돌아치는 투명한 숨결들 하얗게 퍼올리는 소녀, 시리도록 차가운 두레 우물은 한 여자로 파문 지는 순간부터 태양을 열정으로 씻고 마시게 된 것이었다. 밤이면 하늘의 구름 한 조각도 외면한 채 거울 속은 흐르는 달빛, 가로 세로 금물져 가는 별똥별의 춤만 담았다. 그 속에 늘 서 있는 처녀 총각, 어느 날 조각이 난 물거울 속 목숨은 바로 그런 게 아름다움이라고 물결치며 오래 오래 바라보게 했다.

고인 물은 멈추지 않고, 시간의 때를 축적한 만큼 새까맣게 썩어갔다. 소녀가 한 여인으로 생을 도둑질당하는 동안, 우물도 부끄러운 모습으로 그 자리에 그대로 서 있었다. 온 마을 사람들이 퍼올리고 내리던 수다한 꿈들이 새로운 물갈이의 충격으로 흐르다 모두 빼앗긴 젊은 날의 물빛 가슴, 습한 이끼류 뒤집어쓴 채 나를 바라본다. 쉼없이 태어나고 흘러가는 것도 아닌, 우물 속의 달빛을 깔고 앉아서.

무너진 고향집 흙담 곁에 그리움으로 멈추어 선 우물 속, 젊은 날의 얼굴을 비춰본다. 생은 시 한 줄 길어 올리기 위해 두레박 줄이 필요했던가. 인적이 끊어지고 잡초만 무성타 한들 그 아래 퍼올려지고 내려지던 환영들, 물그리메의 허사로 증발하는가. 깜깜한 우물 속 어디선가 끝없는 고행의 길로 일생을 바친 소녀의 빈 웃음들이 둥글게 받은 하늘에 기러기 한 줄 풀어 놓고 있었다.

그대의 우물은 아직도 갈증의 덫에 걸려 있는가?

□ 신작시 5편

격언의 풍자

　고운 선생의 탈을 쓰고 한 여자가 대학 서당에 다녔다. 하나의 일을 보면 열 일을 안다 했는가? 사내 하나 시를 쓴답시고 스무 날 길에 한 번 들러 달 반을 눕는 격이어서 게으름은 2년을 맞으면서도 시 한 편에 그치더라. 그러고도 산전수전 다 겪은 노련한 범띠 여자 앞에서 죽을 '사'자 이제사 짊어진 사내, 선무당이 사람 죽인다더니 제대로 익어보지 못한 시법으로 화평자리마다 풍년이다. 서당개 삼년이면 풍월한다 했으니 저나 나나 한 물에 든 고기 함께 퍼득이려 해도 삿갓에 쇄자질이라. 툭툭 뱉는 말, 격이 어그러지고 만다. 그런 사내 한다는 짓은 사흘에 한 번 아내를 두드려야 사내 알기를 하늘같이 우러른다 했고, 딸을 낳으면 병원은 더더욱 갈 것 없고 제 부모는 잘 모시되 처가 부모는 외면해야 하며 남자는 외박을 해도 여자는 문 밖 출입이 자유로워서는 아니된다는, 고운 최치원이 살던 시대의 관념을 그 사내는 이 시대로 도포자락에 자동차를 운전하며 핸드폰 통화를 즐겼다. 또한 촛불 아래 은밀하게 훔쳐보던 옛 여인의 앙살들 현란한 네온싸인 불빛 아래 음악과 술로 훔쳐보며 유일하게 지은 시 한 편을 읊는다. 달은 달을 닮아서 달이요, 사람은 사람을 닮아서 사람이다. 와와와! 오빠! 불꽃의 입질들이 요란한 그날 밤, 시구문에서 떨어져 죽은 어휘들이 얼마였던가? 휙 휙! 고운 선생 정신과 탈

바가지 벗어던지는 여자가 있었다. 죽어서 석 잔 술이 살아 한 잔 술만 못하다. 이제 성립되고 있는가? 역사는 늘 헌 집 고쳐 쓰기로 했다. 견고하게 다져 가려면 철근 없는 시대로 얼갱이 노릇을 한 정신, 면면이 이어온 이 시대 엉뚱한 자 성욕을 품고 누워 빌려다 쓰는 그물이라. 영령들이여! 죽 쑤어 개 좋은 일 하셨습니다. 이름을 남겨, 가죽을 남겨 백년이 천년을 간들 이렇게 씹히고 밟힐 거라면 왜, 천고에 좌선하고 만고에 쌓인 돌 외로움으로 뚫어 천지강산 견고한 어둠 골골이 길 트셨습니까? 어찌 빈 손으로 가시어 이 밤 나를 빌어 속죄하고 계시나이까? 탈을 쓴 여자 이제 사라졌습니다. 술, 담배, 놀음에 근육을 흥청이며 오늘과 섞인 여자, 긴 머리 양볼 마구 흩치며 살쾡이 같은 손톱, 발톱 키워야 덥석 물리는 미친 돈, 내일의 하늘을 살 수 있다는 생각입니다. 손자 밥 떠먹고 천장 쳐다본다는 시절. 면목없어 하거나 시침 떼는 것조차 없는 오늘도 사람들은 시끄럽습니다. 상놈 발덕이 양반 양식임을 잊고 상놈을 한스럽게 하는 짓은 옛날이나 오늘이나 같아 회사가 배부른 만큼 배터지는 노동 혁명한다고 뻘건 머리띠를 동여매지 않겠습니까? 또 다시 탈을 쓰라면 쓰지요. 우리는 끝없이 망망 고해의 물결로 흘러가야 할 것 같습니다. 절대 지울 수 없는 그리움만 지고 떠나가게는 하지 말아 주세요. 나를 낳으신 이 땅의 침묵처럼!

*고운 : 최치원의 호
*삿갓에 쇄자질 : 격이 맞지 않아서 서로 어울리지 않는 행위를 이르는 말

탱자나무

아마 속으로 경이로운 문양의 무늬로 서는 너는
끝선을 성성하게 벼르고 있을 것이다
아마 은빛 광채로운 환생을 꿈꾸며
어긋나게 엉킨 덩어리 수묵치는 구름으로 그리움 풀면서
사랑은 오래 전 탁발한 것처럼 민숭한 동자승인 척할 것이다

저것의 얼굴 참으로 두껍고 질기다면
누구나 알아볼 수 있을까
송곳 같은 가시 사이 사이로
가을 햇살 몰고 와 해노오랗게 익어 가는 것들

가을 들어 빠듯빠듯 서면 날카로움뿐이리니
어느날 복잡한 도시 골목 어귀에 노란 빛을 뻣뻣이 쳐든다
아무도 저 가시들을 부르지 않았을 것이다
아무도 저 가시에 지나다 찔리고 싶지 않았을 것이다

탱자나무, 시골 흙담, 과수원 밭두렁, 싸리문
돌담보다 선호하던 울타리 시절도 있었다
지금은 도시 골목 높은 담장 아래 떨고 섰다

최영신

오늘따라 묵묵히 바라보는 좁은 골목이다
뻣세게 튀어나와 갈 길 바쁜 채소 트럭에 앞머리 찢기고
쓰레기 차에 받쳐 가슴 알알이 쏟아진다
뒤따라 가는 유아원 봉고차도 사방 타당타당 쓰라리게 깨져 갔다

움츠리는 십일월의 밤, 하얗게 젖은 빛을 토한다

살풋 깔린 서리에 서리게 벗겨지며
자신이 모두 배제할 수 없는 아직도 퍼런 끝
그대 사는 하늘로 떫은 미소 띄운다
어디선가 똥개 한 마리 떨어져 깨진 살에 코를 박고 킁킁거리다
썩는 냄새에 놀라 뒤도 돌아보지 않고 달아난다

아마 그는 얼룩진 입성 벗어던지고 가시로만 서 있을 것이다
그렇게 끝없이 끝없이 타오르다 떨어지는 마지막 인연이었을 것이다

건널목과 문

잠금과 열림은 인간의 적이다.

문 집집마다 달아놓고
반대로만 치닫는
보여줄 것과
보여주지 말아야 할 것

마치 살아 있는 자를
흔적없이
삭제시킬 수 있는
저 돌아가는 블랙홀과도 같은

건널목도 그랬을 것이다
녹색불 거리거리 켜놓고
규제로만 열고 닫는
주황색의 예고와
빨간색의 위험과도 같은

그것들은 어느 날
중력에 의해 사라질 수 있는

내 몸이 내 몸이 아닌
저 센서로만 움직이는

잠금과 열림은 인간의 꿈이다.

틈과 틈 사이

언제부터인가. 정지선을 넘어섰고 넘어서려는 차들이
맞은편, 커피숍 대형 유리창 밖으로 들쭉날쭉 서 있다
창 안은 시가 흘러나오고 아침 해를 받은 틈 사이
열변에 풀린 물감들이 그림을 그려놓고 있다
커다란 사거리 지하도에서 올라온 사람들
멈출 수 없는 속도들이 창 밖에서 사라지며 달려든다
이쪽과 저쪽 아침 해를 받으며 건널목을 걸어갈 때
살아 있는 그 순간만은 어떤 종아리 틈 사이도 아름다워
나는 아팠다.
요란하게 밀린 출근길 멈춰선 차량과 차량 사이
건너가는 사람들 앉아서 감상하는 사람들
모두가 쇳덩이와 쇳덩이의 틈 사이에서 일어나는 오만이다.
부산하게 떠밀려 들어간 지하철 인파와 속력도
작고 크게 일어나는 냄새의 기운들과 더불어 서면
전철은 달린다.
빽빽히 들어찬 사람들 눈앞으로 스치는 산이 혹 있다면
아직은 가을 조금 잡고 있는 낙엽
벌거벗겨져 가는 참나무 군락이 수목(樹木)처럼 무겁다.
김 서린 창 안쪽
틈과 틈 사이로 사람들이 까맣게 흘러간다.

생의 으슥한 사이까지 스며들어 서로의 마음에 틈을 내기
시작하는 과거 속의 그대가 입으로 몸으로 살아 있는 것들을
적시고 죽은 것들에 대한 틈 사이는 지우며 인정이 사라진 자
리마다 대신 높은 수치로 몸부림치게 하는 외로움, 구석 구석
세련되게 틈 사이 벌어지게 하는 것들이 생이 아니었듯이, 부
모형제의 틈 사이를 갈라지게 하는 것도 생이 아니었고, 너와
나를 갈라지게 한 것마저 스스로 칼 끝을 세우게 하는 시대의
얼굴도 인간이 아니었다. 장난 아닌 현실로 차례차례 잠식당
한 생의 틈 사이였다. 역류로 몰아치는 생에 대한 믿음들이,
앙상한 진실의 뼈 사이 사이 들여다봤을 때 시간의 빈 자리들
고독한 그리움의 틈과 틈 사이로, 나는 아팠다.

그때 어둠 속에서 말 없이 젊은 계절이 다가와
빠르고 느린 움직임들이 틈 사이를 지배하려 했지만
옷깃마저 보이지 않으려는 몸이 뒤척일 때마다
창문의 틈 사이로 지나간 날 일으키는 불 피우고
그대에게로 드는 길
나 항상 가식 없는 틈을 내지 않았고
내게로 달려오는 과거 속의 당신
나 항상 추억이 생길 틈을 막아 버렸다.

이제 다시 그곳에서 바람의 빛깔이 보인다면
그때도 물결치는 마음 사이로 그대 오시려는가
차창 밖 뒤돌아 보이는 파도 너머 틈과 틈 사이로
나는 아팠다.
지금은 감각까지 인파에 부딪히고 떠밀려
마냥 덜그럭거리는 전철 속 손잡이에 수북히 구르는 가을
그대가 지금 저 유리창 밖 흔들리는 검은 붓질에
엇갈린 한 점 초상화라면
창 안의 영혼과 창 밖의 영혼의 틈 사이
우리는 지금 아름답게 수목(樹木)을 치고 있음인가
아니면, 정지선을 넘지 않으려는 틈 사이와 전쟁을 하고 있는 것인가

산과 절 들어서다

            1
비구니가 아직 아니된
나이 어린 사미니(沙彌尼)가 길보시를 하는 걸까?
검불 젖히며 산으로 들어서는
문드러진 길 하나 나무 속을 들여다보기까지
문문히 부닥뜨리는 바람
사월의 녹빛 아직 서푸른 아픔 같아
저만큼 산문(山門) 열어 놓고
세상 밖으로 난 길을 지운다
길머리 끝나 작은 암자 빗장이 열릴 때
산은 사방마다 청정한 메아리
나무아미타불 관세음보살!
나무안과틀려 관세음보살!

산은 처음 가진 것들에서 잃어버린 것들
어둠으로 둘러싸인 묘지마다
흑막의 저편 햇빛가루 가득 채워 내리며
지금 수유에 지는 빈 하늘 받고 있는가?
끊어질 듯 끊어지지 않는
산기슭 골골마다 이어지는 움직임들

건드리지 않아도 긴장하고 있는 산
오리나무 기슭을 휘감는 바람의 뿌리를 본다
탱탱한 젖줄을 타고 하얗게 내뿜는 울혈
나무들은 젖꼭지만한 망울을 푼다
탄생이 있는 곳 좌선하고 앉아
하늘 향해 움켜쥔 더듬이들의 눈빛
꼬물꼬물 나무와 돌, 꽃과 이슬, 계곡
산! 절을 낳고 절은 풀잎에 맺힌다

  2
강렬한 색채는 절이 주는 첫 이미지다
붉고 푸른 법당의 중심
금빛을 입고도 촛불을 먹고 있는 부처!
저기 저렇게 흔들리는 시간들이 있다
속세를 가득 담은 불항아리
병고(病苦)에 들어서야 품는 석죽화
선정(禪定)은 사바 세계로 들어서고
무엇이 공덕으로 연유된 아름다움인가?
모두가 엎드린 바닥
산보다 짙은 푸르고 붉은

부처는 산을 능가할 색깔이 필요했는가
다라니꽃들이 절정이다

산과 절은 하나다
맑게 트여진 법열 소리마다
작고 둥근 염주알
커다란 원을 둥그리는 엄지와 검지
이승으로 풀어내
속 비운 겉끼리 다닥이며 내는 목탁소리
나무와 나무로 들어서는 음률에 젖는다
불현듯 솟구치다 저 깊은 곳 들어서듯
끓는 물방울 검게 사라진 빈 자리
또 하얗게 부글거리며 끓는 물방울
딱! 딱! 따그르르르
닫았던 산 빗장을 풀어놓는다

   3
산은 말없이 하늘을 지고 있었다
높은 능선마다 얇은 막 한 겹 더 휘감겨
보이지 않는 눈물 흘린다

안개로 싸인 저 웅장한 산봉들
한 번도 걸어간 적도, 뛰어간 적도 없어
태어난 곳으로부터 무너질 수 없는
알게 모르게 떨리는 형체 하나
그래서 산은 정상마다 안개 풀어야 했던가

안개는 땅을 밟지 않는다
무거워져 가는 땅 울 수 없는 것들로
산이 내려앉는 순간
한 장의 수평선을 내놓으리란 걸
한 번도 시험해 본 적 없는 침묵으로도
산은 알고 있다
굳은 흙살 한 꺼풀씩 들썩이며
들여다보는 낮은 곳마다 맑게 트여오는 숨소리
열린 산마다 산벚꽃 녹지 않는 눈발을 날린다
물가마다 하얀 싸리꽃 버들가지
밤낮 없이 열린 부처의 눈빛
산과 절 들어서다

□ 당선소감 · 최영신

자신과 싸워 이긴 자에게만 내일이 있다

　세상을 보라! 나를 낳고 인연을 빙자한 이 땅의 침묵들이 흔적없이 사라지고 싶은 속력으로 날렵하게 잠수하여 공존하는 삶, 어떤 몫을 떠맡겼는가? 생목숨 오늘로 던져졌을 때 내일은 아득한 몸부림 밖에 서 있었다. 보이는 노동의 질로 보이지 않는 영혼의 질까지 혼합시키려는 꺼림칙한 시대의 눈빛들. 낮은 땅 낮은 질 속으로 꿰매 나가는 바닥. 불리한 조건을 다 짊어진 생이란 신의 실수였을까? 운명은 간지러운 멸시로 버티고 긁다 살점이 터지고 피를 흘린다. 버림받은 공간층으로 나는 어느 한 구비로 설까. 어둠이 풀어놓은 별빛을 향해 피어나는 글꽃들이 어릴 때 꿈을 향해 시로 부딪히고 깨져갔다. 뚝뚝 떨어지는 철분 빈혈, 깨지는 머리속으로 유유히 들어서는 이물질들, 부러지는 관절, 이상출혈까지 치달았을 때 조선일보사가 퇴락한 오십을 뜨겁게 품었다.
　자신과의 싸움에서 이긴 자에게만 기다리고 있었다. 내일이. 그것은 99년이 덥거나 춥거나 열두 달을 채우고서야 아늑하게 흐르는 2000년으로 드리워진 도시의 긴 그림자 불평 소리 쭐렁쭐렁 풀어놓는 것과 같았다. 그 어떤 더러움의 혈맥도 새해가 주는 희망과 감격에는 색칠을 못 해 오늘의 얼굴로 떨고 있는 속세의 것들은 지금 잠시 정지한 채 열반에 들기를 고집하고 있는지 모른다.
　나를 불타게 했던 것은 세 딸들이었다. 그들의 사랑, 내가 시인이 되어야 하는 이유였다. 이제 그들에게 줄 수 있는 것은 이 모든 영광과 함께 영원히 잊지 못할 어머니로 남는 것이다.
　조선일보사의 썩지 않은 뿌리에 경의를 표한다. 내가 사랑하고 나를 사랑해주신 모든 분들께 기쁨을 나누고 싶다.

□ 심사평 · 조선일보

새천년 여는 도전 정신 돋보여

새 천년에는 새 시를? 언어는 그대로 있으면서 끊임없이 새로워진다. 마치 생명과도 같다. 그 새로워지는 변화의 중심에 시인이 있을 수 있다면 그 민족의 언어는 행복하다. 그런 의미에서 당선작이 결정됐다. 이 작품에는 새로운 도전이 있다.

이 도전은 대체로 세 가지로 요약된다. 무엇보다 가볍게 튀지 않으면서도 동시에 고답적이지 않다. 두번째로 이 시는 문제의식을 끈질기게 물고 늘어지는 시정신을 동반하고 있다. 끝으로 상찬되어야 할 점이 있다면, 적절한 관찰과 경험을 지니고 있으면서도 삶 전체를 투사하는, 용해된 정열이랄까 하는 것이 깔려 있다는 사실이다.

이런 모든 매력들은 가령 '그 오래 올려지고 내려지다 시신경이 눌린 곳, …하품이 포물선처럼 그려졌다 사라진다'는 표현과 같은 데에서 무겁지도, 가볍지도 않게 제 얼굴을 드러낸다. 추억도 복고도 아닌 자기 성찰로서 우물의 이미지가 이만큼 빚어지기란 결코 쉽지 않다.

「격언의 풍자」「흙을 바라보며」등 다른 작품들도 우수하다. 독특한 개성의 시인으로서 자기 세계를 일구어 나가기 바란다. 당선작을 양보한 작품들로서 「바다가 나를 구겨서 쥔다」(조정), 「물방울 하나에도」(한용숙) 등이 있었음을 부기한다.

심사위원 : 황동규 · 김주연

최 운

본명 최용수
1969년 부산 출생
부산공고 졸업
서울예전 문예창작과 2년 자퇴
2000년 세계일보 신춘문예 시 당선
인천광역시 부평구 부평4동 10-381(22/2)
Tel. 011-9636-3413

● 세계일보 / 시
낙엽 한 잎

□ 세계일보 시 당선작

낙엽 한 잎
―― 용역 사무실을 나와서

날이 저물고,
마음 맨 안쪽까지 가벼워질대로 가벼워진
낙엽 한 잎이 다 닳아진 옷깃을 세운다
밥 익는 소리 가만히 새는 낮고 깊은 창을 만나면
배고픔도 그리움이 되는 걸까
모든 길은 나를 지나 불 켜진 집으로 향한다
그리운 사람의 얼굴마저 도무지 생각나질 않는
바람 심하게 부는 날일수록
실직의 내 자리엔,
시린 발목을 이불 속으로 집어넣으며
새우잠을 청하던 동생의 허기진 잠꼬대만
텅텅 울린다
비워낼수록 더 키가 자라는
속 텅 빈 나무 앞에 가만히 멈추어 섰을 때,
애초에 우리 모두가 하나였던 시절이 그랬던 것처럼
먼데서부터
우리 삶의 푸르른 날은 다시 오고 있는지!
길바닥에 이대로 버려지면 어쩌나
부르르 떨기도 하면서
구로동 구종점 사거리 횡단보도 앞,

누런 작업복 달랑 걸친 낙엽 한 잎이
한 입 가득 바람을 베어 문다
세상을 둥글게 말아 엮던 달빛이 하얀 맨발을
내려놓는다

□ 신작시 5편

소나기

나무며 풀잎이며 바람이며…… 아련한 살냄새를 풍긴다. 햇살도 짐짓 비껴앉아야 마음 편한, 여린 마음씨들 천연스럽게 쓰윽 속옷 갈아 입는 중이다. 퉁퉁 불은 그리움이 하늘 한귀퉁이를 밀어올린다.

빈 마당마다 넌지시 핀 아찔한 허기, 공복의 화사함이여.

그 믐

과일차도 우체부도 잘 오지 않는다는
봉천동 어디쯤, 밀린 품삯 받으러
미장이 김씨 따라 우르르 몰려갔다.
공사판 십오년 경력만 믿고
남의 땅 빌려 공사했다는 사장도
알고 보니, 우리네와 마찬가지
잔 바람에도 삐걱거리는 살림살이와
마음 한 구석 다친 부위가 비슷하고
겉과 속 따로 없이
다 드러내놓는 삶의 밑뿌리까지 닮아
모두들 눈빛이 마주치면
어색한 웃음 한 장씩 꺼내줄 뿐,
밤하늘로 터져버린 아이 울음소리만
그저 귀가를 재촉한다.
통닭 한 마리 만 원에 바가지를 썼던
구구 치킨집을 지나
흐린 불빛을 쥐고 흔들리던 자취방
애인은 없고, 한사코
내 목구멍에 걸려 부풀어오르던 달덩이.

그녀 이야기

　버스 종점을 지나면 오래된 골목이 있고, 골목이 끝나는 언덕배기 끄트머리 바람의 엉덩이를 슬쩍 건드려보는 아름드리 나무 한 그루가 있고, 해거름을 따라온 뱃고동을 받아먹는 창이 있다. 밤마다 창을 넘는 달빛의 하얀 맨발이 머뭇거리는 곳에 앉은뱅이 책상도 있다. 책상 위, 읽다가 덮어둔 시집 속에는 다발꽃을 든 그리움들이 통통거리며 뛰어다닌다. 그녀는 바다가 보이는 풍경 안에 산다. 한때 신발공장 담벼락에 피던 동백나무 꽃그늘에 숨어 그네가 쥐어준 노동법을 읽기도 했었지. 그러나 이미 경사로에 접어든 세상은 산발한 채 절뚝거리기만 했었지. 요즘 그녀에게선 아슴한 칸나꽃 향기가 난다. 시내 지하상가 꽃집에 파트타임으로 일하는 그녀는 칸나꽃을 무척 좋아했는가 보다. 일터를 잃고 선원이 된 그네는 자신만의 푸른 돛대를 펄럭이며 남태평양을 건너올 것이다. 그녀의 젖가슴 사이를 소리없이 지나가는 새벽별은 오늘도 따뜻하다. 여적 문 밖에 서성이는 바람소리를 잊고, 언덕 너머 실개천 길섶에서 번지는 풀벌레 울음소리를 잊고, 사랑에 막 눈뜬 것처럼 볼그스레해진 칸나꽃이 창가를 멍하니 넘어다본다. 그녀는 없고, 방안으로 온통 밀물이 든다.

풀꽃들이 바람을 흔든다

어떤 길에선 청보리밭을 건너온 종달새가
함께 울어주길 바랐고 또 어떤 길에선
먼 강물소리 귀에 담고 혼자 잠들기도 했지만
어쩜 한 뼘도 안되는 허허벌판을 달려왔을 뿐,
내 마음의 산기슭에 쑥대꽃 설렁이다
설렁이다 쓰러지는 사이
과일행상으로 바람을 막아주던 어머니 손바닥이
다시 나의 전부가 된다.

    바람이 불면 바람을 달래야지
    그래도 바람이 불면 몰래 숨어 지내야지

중동 신도시를 지날 때마다, 애인은
벚나무 기둥에 흰 이마를 기댄 채
괜한 제 속을 울렸다. 우리쯤의 나이면
반반한 명함 하나쯤 지녀야 한다던
벗들의 비아냥거림을 홑이불처럼 덮고, 나
손때 묻은 세간살이 하나 둘 버리며 사는 법을
배울 무렵, 세상은 잊을 수 없는 것들을 잊으며
바삐 늙어갔고 색색의 네온불빛 아래서

아이들은 밤화장을 고쳤다.

　누구에게나 있는 젊은 날,
　어느 누구에게도 없는 젊은 날

납작하게 엎드린 반지하 셋방, 쪽창을 열면
꼭, 내 눈높이만큼씩 자란
저 풀꽃. 그 쬐그만 풀꽃들이 바람을
흔든다. 바람을 흔들며
조금씩 세상을 넓히고 있다. 풀꽃들아!
변치 않는 너희가 있어 변하는 우리 또한
한 生을 이룰 뿐, 우린
서로 다른 먼길을 돌아 여기까지 왔을 뿐이다.

복권 한 장

술 취해 돌아가던
친구녀석의 그림자 유난히 짧아 보이던 날,
밑져도 속았다는 느낌이 안드는 건
이 세상 복권밖에 없더라며
내 호주머니에 슬핏 넣어준 복권 한 장,
영도 남항시장 한귀퉁이
밤 늦도록 생선다라이로 남으신 어머니,
늘 빈 소주병으로 쓰러지시던 등불, 곁에서
차츰 어둠을 닮아가던 동생들.
물끄러미 바라보는 복권 속에는
가족만 남고
한 톨의 福도 보이지 않는다.
경험하고 싶어서 혹은 경험되어지면서
내가 원했던 건,
죽기살기로 달겨든 뜨거운 현장이 아니라
크고작은 하나씩의 장식들이 아니었을까.
세상의 바깥만을 부질없이 떠돈 바람이
오래도록 제 발끝을 내려다본다.
거리에는 벌써 낙엽이 쌓이고
언제부턴가,

내 지갑 속에는 천원짜리 가족사진 한 장
남 몰래 꽂혀 있다.

□ 당선소감 · 최 운

모두가 등돌리기에 바쁜 시절
격려해주던 벗들 있어 큰 위안

꽤 열정적이었던 문학청년 시절이 내게도 한때나마 있었다는 게 새삼스럽다. 군 제대 후, 특별한 이유도 없이 어느 것 하나에도 제대로 적응하지 못했다. 많은 이름들이 반짝 나를 스쳐가는 동안 살아서 외로웠던 날들이 많았다. 어떤 길은 반드시 갔어야만 했고 또 어떤 길은 애초에 가지 말았어야 했다는 후회가 오랫동안 있었지만, 작년에 만난 몇몇 좋은 사람들과 함께 나름대로 의미있고 소중한 작업들을 시작했다. 이 사회 혹은 세상에서 누군가가 반드시 해야 할 일을 나는 서른이 되어서야 하게 된 셈이다.

아주 가끔씩 시를 적었다. 창작의 성과물로서가 아니라 그저 생각날 때 일기 쓰듯이 말이다. 잘되고 못되고 좋고 나쁨은 차치하고서라도, 적어도 시 적는 동안에는 스스로에 대해, 이웃들에 대해…… 고민할 수 있었던 게 나에게 더없이 소중했다. 반강제적으로 친구에게 등 떠밀려 응모를 했고, 그리고 염치없이 당선이 되었지만, 내게 시는 앞서 밝힌 그 이상 그 이하도 아닌 게 사실이다. 삶의 많은 사소한 부대낌을 접거나 등 돌리면서까지 시를 적진 않을 것이다. 다만, 더욱 몸을 부려 시 적는데 좀더 많은 시간을 할애해야겠다는 재미없는 다짐을 해볼 뿐이다.

공사현장에서 지하 공장에서 자신들만의 세상을 묵묵히 살아온 그리고 살아갈 두 동생에게 아주 작은 위안이라도 되었으면 좋겠다.

모두가 등 돌리기에도 바쁜 시절에 변변치 못한 내게 안부를 물어주던 몇몇 벗들이 있다는 게 살아오는 매순간 힘이 되었다. 그들에게 한 번쯤 질펀한 술이라도 대접해야겠다는 생각을 오래도록 했었는데, 그러한 계기와 여건을 한꺼번에 마련해준 두 분 선생님께 다른 그 무엇보다도 감사드리고 싶다.
새 천년에는 하루라도 빨리 통일이 되었으면 좋겠다.

□ 심사평 · 세계일보

고달픈 삶 밝고 따뜻하게 그려
개성있는 자기 목소리 돋보여

    시들이 틀에 맞춘 것처럼 너무 비슷하다.
    산문시와 운문시 또는 한 시에서 산문과 운문을 적당히 배합하는 형식부터 그렇다. 신춘문예를 위한 특별한 텍스트라도 있는 것이 아닌가 의심이 들 정도다. 내용도 서로 비슷비슷하고 알쏭달쏭하다. 억지를 쓰다보니 그렇게 된 것이 아닐까 하는 생각도 든다. 물론 시는 만드는 것이다. 그러나 그렇게 억지로 만드는 것. 쓰고 싶은 것도 없는데 그냥 만드는 것은 아닐 터이다.
    네 사람의 작품을 주목해서 읽었다.
    최승철의 작품 중에서는 「편지에게 쓴다」가 가장 재미있게 읽힌다. 제목은 좀 이상하지만 불안하고 무언가 을씨년스러운 작자의 느낌이 상당한 호소력을 지닌다. 한데 어디서 많이 들어본 목소리다. 요즈음 유행하는 젊은 사람들의 시와 너무 다른 점이 없다.
    이현승의 시는 장황한 대로 지루하지 않은 장점을 가지고 있다. 특히 「근황」 같은 시는 경쾌하고 발빠른 느낌을 준다. 시어의 선택도 상당한 수준이다. 그런데도 안정감이 없다.
    김성곤의 시는 무언가 하고 싶은 얘기가 있는 것 같은데 선뜻 머리에 들어오지 않는다.
    「만추」가 가장 좋은데 좀 산만하다. 「다물도」 같은 시가 왜 지루하게 느껴지는지 작자는 한 번 생각해볼 필요가 있을 것이다. 최운의 시는 생활 속에서 가져온 소재이면서도 밝고 따뜻해서 좋다. 「낙엽 한 잎」을 가장 재미있게 읽었는데 고달픈 삶의 현실을 다루었으면서도 어둡거나 부정적이지 않고 그지없이 아름답다. "누런 작업복 달랑 걸친 낙엽 한 잎이 / 한 입 가득 바람을 베어 문다" 같은 비유도 아무나 쉽게 할 수 있는 것은 아니리라.「그녀 이야기」도 쌈박한 시다.
  이상 네 사람의 시 가운데서 최운의「낙엽 한 잎」을 당선작으로 뽑는다.
  다른 응모자들과는 크게 다르다는 것이 당선작으로 뽑은 가장 큰 이유였지만, 자기 말을 가지고 있다는 점도 평가되었다.

심사위원 : 신경림 · 유종호

신춘문예 당선시조

손정아

본명 손정순
경북 청도 출생
숭의여자대학 문예창작과 졸업
현재 추계예술대학교 문예창작과 재학중
2000년 동아일보 신춘문예 시조 당선
서울시 서대문구 북아현동 3-123번지
Tel. 365-2922

● 동아일보 / 시조
그해 겨울, 蘇萊에서

□ 동아일보 시조 당선작

그해 겨울, 蘇萊에서

겨울에도 포구의 물은 끝내 얼지 않았다
출항을 꿈꾸던 배는 묶인 채 잠들었고
어디서 오고 있는 걸까 푸른 파도의 꿈은

썰물진 자리마다 밤별이 내려와서
저렇듯 반짝이는 갯벌의 숨소리
그 세월 언덕 너머로 걸어오는 안개여

오늘도 구멍난 生의 그물을 깁는 아버지
그 어깨 위로 추억처럼 水仁線이 지나가고
우리네 고단한 삶도 협궤열차처럼 녹슬었다.

□ 신작시 5편

화 석

강물 속으로 遊氷하는 한 세월을 만져본다

강바닥을 포옹하며 제 육신의 흔적 떼어

흐르는 물이 되고픈 돌멩이의 한 소망

그 순간, 은어떼들 파르르 몰려와

고향땅 指紋으로 문문히 되살아나고

가시꽃 한 줄기마다 천년 아린 사랑이 핀다.

雲門山, 三溪里에서

서리 내린 길이다, 푸른 절벽이다
지나온 길 곱게 개어 가부좌 틀고
어제의 모든 인연들 溪谷에 놓아 버린다

세상사 훌쩍 건너 참선하는 겨울 裸木
해산 앞둔 산모처럼 허리뼈가 시리다
이제는 찬바람 깎여 눈 멀 일만 남았다.

幼年일기
── 미술 시간

어떻게 저 강변을 팔절지에 다 담지?
한줄기 빛이 강물 위에 물수제비 뜬다
옳거니, 살아 춤추는 저 햇살을 그리는 거야
이 세상에 빛이 없다면 삶의 존재도 없을 테지?
아이가 받아 쥔 햇살의 부피,
햇살 속 작은 宇宙를 유심히 들여다본다

하지만 그것은 금지된 자유였다
'춤추는 햇살'은 저승의 幻影처럼 따라다녔고
그날 후, 묵은 화구를 나는 강물에 띄워보냈다.

파라다이스

보슬비,
가늘고 여린 유리창 만들었네.
강 건너 산에서 낮잠 자다 들킨 망나니 구름
하늘로 도망치듯이 헐레벌떡 날개짓 하고

푸른 살 드러낸 앞산이 부끄러워
모로 꼬며 아이처럼 빙그레 웃음 짓네
아, 나도 저 레테의 강 헤엄쳐 하늘에 닿았으면.

삶에 대한 조그마한 변명

살아 눈뜨는 아침, 저 투명한 햇살들
재빠르게 메시지 입력 후 문지방 너머로 사라진다
'개똥밭 굴러다녀도 이승이 좋다' 그런 류겠지.

서른 살,
짧은 생애,
기나긴 변명이다
스위치를 눌렀는지 매미는 불에 덴듯 울고
난 이제 변명을 넘어 습관적 삶에 반란한다.

□ 당선소감 · 손정아

너무 부끄러워 숨고 싶은 심정

뜻밖의 당선 소식을 듣고 너무 부끄러워 어디론가 멀리 숨어버리고 싶었다.

놀람과 동시에 안겨지는 새 천년의 희망이 눈처럼 소복히 쌓이고, 그 순간 절단된 내 유년의 꿈들이 펼쳐졌다.

교통사고로 열네 살에 접어야 했던 발레리나의 꿈, 정신병자로 취급받았던 그림 그리기, 내 의사와 무관하게 계획되었던 진로…… 꿈꿀 자유와 권리를 완전히 박탈당한 내 유년의 삶은 오랫동안 상처로 남았다. 이 상처들이 결국은 나를 참 자유를 향한 뒤늦은 공부와 문학의 길로 내몰게 한 것 같다.

그러나 사회에 첫발을 내딛자마자 당했던 또 한번의 시련은 내게 절망하는 것조차 사치스럽게 했으며, 나는 그해 겨울, 함께 해고된 동료와 소래를 찾았다.

제 구실을 상실한 포구를 바라보며 우린 묵묵히 녹슨 철로를 걸었고, 할 말을 가로막고 우리 앞에 뻐딱하게 서 있는 세상에 대해 무언의 반항을 꿈꾸었다. 그런데 그 속에서도 안개 속을 걸어 희미하게 전해지는 파도의 꿈이 있었다. 순간, 나는 한쪽으로만 뻐딱하게 길들여진 내 삶의 옷을 새로이 갈아입었다. 그러자 오랫동안 마음의 문을 닫았던 아버지가 내 손을 꼭 잡아주셨다.

부족한 글을 뽑아주신 동아일보사와 심사위원님, 그리고 아낌없는 지도로 새 삶의 등불을 밝혀주신 박시교, 한광구 선생님을 비롯한 추계의 은사님께 고개 숙여 감사드린다.

그에 앞서 젊은 날부터 내 삶의 언저리에서 묵묵히 지켜봐 주시고 토닥여주신 강형철, 김양호 선생님과 숭의의 은사님께 큰절 올리며, 고향과 함께 항상 따뜻하게 다가오는 이기철 선생님, 그동안 소홀했던 부모님과 가족에게 이 큰 기쁨 돌리며 고마운 마음 전한다.

 갑자기, 운문사 절에서 만나 내 유년의 유일한 친구가 되었던 재동 오빠와 수화로 말하던 동생 영희의 얼굴이 떠오른다. 가족처럼 사랑했던 두 사람에게 십 년의 세월을 넘어 이제야 안부 전한다. 참 보고 싶다.

□ 심사평 · 동아일보 시조

자연과 삶 진솔하게 묘사

　금년도 응모작품들은 예년과 달리 형식과 내용면에서 몇 가지 특징을 보였다. 그 중 하나는 작품의 완성도 면에서는 비록 문제가 있었지만 사설시조의 투고량이 어느 해보다도 많았다는 점이다. 또 다른 하나는 정형화된 시조 형식에서 벗어나 시적 성취에 좀더 무게중심을 두고자 한 형태적 변모양상이다. 사설시조의 증가 추세는 현대시의 산문화 경향과 함께 단조로운 평시조의 리듬을 극복하고자 하는 의지로 생각할 수 있으나 형식의 변형은 크게 우려하지 않을 수 없었다.
　끝까지 당선을 놓고 겨룬 작품은 「양수리에서」「판화작업 3」「겨울폭포 1」「강에서」「한 개의 달걀을 위한 명상」「정양사망금강전도」「그 해 겨울 소래에서」「예밀리 시편」 등 8편. 여기서 다시 마지막 3편으로 압축되었다.
　「양수리에서」의 경우 셋째 수의 중·종장 처리 미숙이 지적되었고 사설시조인「판화작업 3」은 탄탄한 구성에도 불구하고 종장을 너무 쉽게 처리한 것이 흠이 되었다. 이에 반해「그 해 겨울 소래에서」는 언어를 다루는 솜씨와 주제를 이끌고 나가는 힘이 뛰어나 신인으로서의 그 가능성이 기대되었다. 특히 이 작품에 나타난 서정 및 자연과 삶의 진솔한 모습들은 우리 시대의 시인들이 지녀야 할 빼놓을 수 없는 덕목이 아니겠는가. 새 세기를 열어갈 새로운 정형시인의 탄생을 축하하며 대성하기 바란다.

　　　　　　　　　　　　　　　　　　　　　　심사위원 : 유재영

송필란

경북 영주 출생
진명여고 졸업
건국대 정외과 졸업
현재 경기대학교 대학원
국문학과 박사과정 재학중
2000년 중앙일보 신춘문예 시조 당선
서울 강남구 일원동 수서 16블럭
상록수아파트 101동 506호
Tel. 459-8481
www.songjungran.pe.kr

● 중앙일보 / 시조
가자미

□ 중앙일보 시조 당선작

가자미

금비늘 은비늘 빛살 좋은 봄날 어물전

좌판에 나앉아 호객하는 생선들 틈에서야 비릿한 냄새가 판치는 세상에서야, 이렁성저렁성 살아간들 어떠랴 비싼 값에 팔린다면이야 저잣거리에서 비늘이 벗겨진들 어떠랴, 알몸의 너덜거리는 부끄러움인들 어떠하랴 요리조리 뒤집어 보는 손길엔 세상 바닥에 철썩 들러붙어 살아가는 법을, 모로 뜬 눈으로 슬쩍 비껴 세상을 바라보는 법을 깨닫지 않고서야 어찌하랴 淸淨玉水에 고기가 꾀이지 않듯 이리저리 몰려다니는 파리떼도 불러 모으고, 지나가는 바람에 비린 풍문을 띄워보내며 이렁성저렁성 살아간들 또 어떠하랴

한물간 눈알 초점 없는 세상에 어물쩍 눈빛 맞추는 시절에서야

□ 신작시 5편

지하도에서의 하루

별빛도 달빛도 잊은 지 오래이다
캄캄한 마음의 어둠 속을 헤매이다
도시의 땅끝 막장까지 허물어져 왔느니

폐허로 남겨진 고단한 삶의 뒤켠
새우처럼 오그라든 몸뚱이 하나로
한 뙈기 종이상자에 무덤처럼 웅크린다

석간신문 한 장만한 제 땅, 제 그림자에
헤어날 수 없는 허기만 가득 채우고
만나볼 얼굴도 없이 어둔 잠을 청하는……

한평생 주름만 패인 꿈속에서, 하류로
하류로 가뭇없이 떠내려가는 밤,
거짓의 형광등 달빛이 위안처럼 떠 있다

표본나비

몸 속으로 흘러온 바늘에 나는 꽂혀진다
이렇게 살고 싶지 않다고 버둥거려도
깊숙이 박혀 들어오는 대못처럼 단단한 길

한때는 은빛 날개를 펼치며 꿈꾸었지만
깨어나면 또다시 제자리에 놓여 있는,
얼마나 많은 바늘들이 내 삶을 관통했는가

나프탈린 속으로 녹아들어간 세월들이
아쉽고 쓰라린 추억들이 코를 찔러도
죽은 듯 살아가야 한다는 것, 또 하루를 견디며……

아프게 찔러오던 갈등의 벼린 나날들이
한 세상 버텨내는 뼈대가 되어감을,
마음의 중심을 향해 걷는 내 모습이 보인다

내 마음의 지도

43번 국도 갓길에서 브레이크를 밟는다
숨가쁜 세상이 잠시 바퀴를 멈추고
내 삶을 조였던 안전벨트도 느슨히 풀어 놓는다

멈출 줄 모르는 둥근 바퀴의 내력은
닳아버린 타이어 자국, 꿈들이 지워지고
견고한 아스팔트의 기억만 문신처럼 남아 있다

막막한 이정표 따라 그저 달려온 나날들은
지도를 펴놓고도 가끔씩 길을 잃었었다
익명의 세월에 떠밀려 가속기만 밟아온……

수없이 헤매던 길 끝에 다다라
막다른 차선이 절망으로 가로막을 때,
끝없이 새로운 길을 여는
마음의 지도를 펼친다

희망의 탄탄대로가 핏줄처럼 뻗쳐 있는
꿈꾸는 자들의 비밀스런 목적지
내 안의 또 다른 세상을 향해

시동을 걸고 출발한다

봄

하얗게 사위어
재만 남은 아궁이 속
따스한 온기 다스려
숨을 고르는 불씨 한 점
깊숙이 어둠을 들이마셨다
내뱉는 저 완완한 빛

어두운 시간을 지나
피어나는 불꽃들이
불의 꽃들이
울금빛 씨방을 열고
아궁이 바깥 세상을 환하게
밝혀주고 있어라

밀레니엄 나무

허공에 겹겹 피어난 시간의 잎, 잎들
깃발처럼 나부끼던 한 시절의 꿈들이
저무는 세기말의 보도 위에 제 모습을 지운다

기쁨도 슬픔도 한데 섞여 어둠이 되는,
돌아온 四季의 마지막 등불을 끄고
황금빛 두엄더미로 황홀하게 썩어간다

피고 지고 다시 피는,
끝없는 삶의 궤적을 따라
퇴적된 기억으로 뻗어나간 가지 끝
연둣빛 새의 날개로 다시 돋아날 잎들이여

씨앗처럼 단단한 부활을 꿈꾸며
낙엽이 태워 올리는 향긋한 저 메시지,
즈믄 해 즈믄 꿈을 향해 비상하는 한 줄기 빛

□ 당선소감 · 송필란

이론과 창작을 함께
내게 주어진 운명인듯

　시조를 전공으로 선택하고 나서 시조를 직접 써야겠다는 생각이 들었다. 이론에 앞서 실제로 창작을 해 보아야만 시조를 제대로 이해할 수 있을 것이라는 뜻에서였다. 그러나 막상 시조를 쓰려고 하니 마음대로 되지 않았다. 시인들의 작품을 읽고 또 읽으며 흉내를 냈지만, 나의 작품은 스스로 생각해도 볼품없는 것들이었다. 제한된 형식 안에 절제된 언어로 의미를 담아 내고 거기에 미적 감동까지 주어야 하는 작업은 고통스러울 수밖에 없었다. 형식과 내용이 한데 어우러져 시인의 영혼 속에서 육화되어 나타난 작품들을 보면 경외스러울 정도였다.
　당선 통보를 받고 또 당선 소감을 쓰고 있는 이 순간에도 아무것도 실감이 나지 않는다. 이제 겨우 시조의 호흡이 내 몸 속에 자리잡아가고 있고, 아직도 미숙하고 부족한 데가 많음을 잘 알고 있기 때문이다. 그러나 시조의 이론뿐만 아니라 창작 역시 내게 주어진 또 하나의 운명이며 행운이라고 겸허하게 받아들이고 싶다. 거기에 보답하는 길은 열심히 창작하고 공부하는 것임을 스스로에게 다짐하며.
　갈 길이 먼 나에게 손을 내밀어 당겨주신 두 분 심사위원 선생님께 감사드린다. 그리고 즈믄 새해가 시작되는 첫해에 받은 이 크나큰 영광을 내 문학의 원천인 문학아카데미 회원들과 함께 나누고 싶다.

□ 심사평 · 중앙일보 시조

기교에 물들지 않은 문학적 진지성 돋보여

새로운 세기를 열어갈 '뉴 밀레니엄 시조'는 어떤 모습으로 다가올까.

이번 응모작품의 전반적인 흐름을 간추려 요약하면 '뼈다귀의 포엠(Poem)'과 '껍데기의 포엠'이 반반씩을 차지하고 있었다.

주제를 구체적으로 소화해내지 못한 채 '날것'을 들고 도전한 경우가 태반 이상이었다. 소화불량의 주제는 결국 백화점식 언어의 나열이나 부자연의 극치인 오버 액션, 우편엽서 같은 풍광 묘사에 그쳤다는 인상을 지울 수 없었다.

이 가운데 '뼈다귀의 포엠'과 '껍데기의 포엠'을 적절하게 융화시킨 작품은 조현선 씨의 「안부」, 김종은 씨의 「광화문 사(死)거리」, 장민하 씨의 「섬」, 이국희 씨의 「인연(因緣)에 대하여」, 김규 씨의 「밤」, 강문복 씨의 「섬가(歌)」, 그리고 송필란 씨의 「가자미」였다.

당선작 「가자미」는 손끝의 기교나 감성에만 의탁하여 시조문학을 경영하려는 안이한 태도와는 달리 문학적 진지성이 엿보였다.

장거리 어물전에 나앉은 생선의 시각을 통해 우리 사는 세상을 점묘법(點描法)으로 그리면서, 지난 세기의 암울했던 정조를 오버랩시켜 비아냥거린 풍자수법이 돋보였다.

여기 이름 밝히는 일은 삼가지만, 한 작품을 들고 이곳저곳 기웃거리는 이른바 '겹치기 투고'가 성행하고 있는 현상은 시조부문도 예외가 아니었다.

세속적 명리(名利)를 좇는 그런 행위는 어떤 수식어로도 합리화될 수 없다고 판단, 최종심사 때 논의의 대상에서 제외했음을 밝혀둔다.

심사위원 : 김제현 · 윤금초

신수현

1953년 서울 출생
1995년 불교문예 겨울호 시 추천
1999년 현대시학 12월호 시 추천
2000년 대한매일 신춘문예 시조 당선
서울시 서초구 서초동 1567-1 진승주택 205호
Tel. 585-2050

● 대한매일 / 시조
길

□ 대한매일 시조 당선작

길

추락해본 후에야 바로 서는 수도 있었네
몽롱하게 날아다니던 별빛들 후루룩 숨고
날개가 되지 못하는 것들 꿈을 꾸고 있었네

아무래도 낯선 바람과 햇살이 손을 내밀었네
엎드린 정적 속으로 기어들고 싶었지만
별들은 쉴 사이 없이 태어나는 것이네

새 빛에서 눈뜬 사랑 하나 어느 틈에 자라
한 사람의 숲으로 순하게 들어서고 있었네
초록이 일어서는 순간 흔들리며 붙들며

□ 신작시 5편

겨울나무에게

나무 한 그루 만나 나무의 눈으로 느끼는
한 꺼풀 덮여 있는 세상의 부드러움
지나친 더위도 추위도 마주할 일이 없다

맨살을 내놓고 떠다니는 것들의 상처
밀고 밀리는 몸짓 속에 당당함이 있다
언제나 떠날 수 있는 날개가 보인다

함부로 벗어 던질 수 없는 사랑 품고
꿈꾸듯 엿보면서 여위어 가는 길에서
포옹과 눈웃음의 날들만 기다릴 수 없는 것

나무가 고개를 안으로 돌려주면
고무공처럼 튀어오르다 매달리다가
살며시 그 가슴도 겨우 잠 속으로 가는가

춤

무지개가 서는 것은 언제나 순간이다
등뒤로 남는 것은 미처 못다 핀 몸짓
안으로 고여 넘치는 살 에이는 날 선 슬픔

깎일 만큼 깎이면 투명할 수 있을까
이마 반듯한 집으로 바로 서려면
달처럼 구르고 굴러서 가야 하는 것일까

흐린 창 밖쯤 아랑곳없이 부풀어오른다
잘 피어난 갈대의 서걱이는 향기
줄줄이 모자랐던 시간 해가 뜨는 해가 지는

월정사 팔각구층석탑

종루를 받들고 선 문이 닫히고 있었다
마당가에 떨어지는 희미한 불빛 몇 점
어둠에 눌려가면서 한몸 되고 있었다

신화 속의 여왕 같은 탑 환하게 서 있었다
시간 같은 것 얼씬도 못한 아름다움
무서움 모르는 듯한 모습 눈을 뗄 수 없었다

듬직하게 둘러선 산 숲의 푸른 숨결이며
끊이지 않고 티끌 씻어내는 냇물 소리며
결 고운 눈길로 쓸어주는 달빛이며 풍경이며

날마다 침묵으로 깊어지는 이야기가
사랑이야 세상에도 티끌처럼 쌓이지만
부러움 뒤꼭지를 당겨 자꾸 돌아보았다

네 눈 속에서만 나는 빛난다

빛과 빛이 빛나는 사이에 웬 블랙홀!
갑자기 나와 그대 사이 밀어내던 텅 빈 침묵
푸르게 타오르던 불꽃 꺼져가는 것이라고

감당할 수 없는 욕망이 한계를 넘어 깊게
팽창하고 있었어요 차단하는 힘 보았지요
거꾸로 떨어지던 우리 눈빛 바로잡을 수 있어요

충분히 감량한 몸무게 그만큼 커진 질량으로
더 빛나는 그대 눈 속의 분화구
날개에 불을 붙이며 태어나고 싶어요

시간 속에서

포릉거리다 날아간 짝을 향해 내닫는 참새며
산마을 이마 맞댄 따뜻한 불빛이며
초승달 따라 오르는 눈 이쁜 개밥바라기며

머문만큼 무거워진 몸뚱이 추슬러야 해도
쓰일 곳을 기다리던 설해목 한 가지
딛고서 어깨 겯고서 다리 절룩이지 않으리

세상은 언제나, 아직도 아름다워서
꿈과 향기와 빛깔로 부푼 마음 있으리니
발걸음 붙들던 이름 헤아리며 걷고 있다

□ 당선소감 · 신수현

늘 가까이 있는 산·물·바람소리
내 몸속 심지 다 탈 때까지 정진

　보이지 않는 시의 길로 어떻게 들어서게 되었는지. 안개 속 같은 길을 걷다가 어느 날 문득 왜 시조의 가락에 손을 잡혀야 했는지. 아직도 지평선은 멀고 해도 뜨지 않으리라 했는데 이 눈부신 빛살 앞에 내가 젖은 머리로 어떻게 서게 되었는지. 지금까지 걸어온 길 지워져 있지만 앞으로 가야 할 길은 또 얼마나 많은 고개가 기다리고 있는지. 산이나 물, 바람 같은 것도 늘 가까이 있으면서 한번도 분명한 소리를 들려주지 않지만 나는 왜 귀기울이고 밤을 새워야 하는지.
　詹園 할아버지, 혹시 저도 모르는 사이에 제게 이 길을 가르쳐주신 것은 아닌지요. 오늘은 담원 할아버지의 시조집을 펴들고 글자 하나씩 다시 새겨보고 싶습니다. 그리고 이 나라의 산과 물을 다 노래하고 간 분들의 발자취를 더듬어 나의 길을 찾아보렵니다.
　비록 늦었지만 내 몸 속의 시의 심지를 다 태울 때까지 나는 또 밤을 밝혀나갈 것입니다. 아직 율격도 모르는 작품을 뽑아주신 심사위원 선생님께 감사를 드립니다. 그리고 오늘이 있기까지 흔들어 깨워 주신 선생님과 늘 가까이서 격려의 손을 잡아준 '달과 물 사이' 동인께도 고마움의 인사를 올립니다.

□ 심사평 · 대한매일 시조

21세기 새얼굴 발굴 격전장 방불
당선작 「길」 언어조탁능력 탁월

한 세기를 접고 시간은 흘렀다. '꿈의 21세기' 벽두를 화려하게 장식할 '새 얼굴'을 발굴해내는 자리는 용호상박(龍虎相搏)의 격전장을 방불케 했다. 응모작 수준이 상향 평준화를 이루어 그 어느 때보다 각축이 치열한 가운데 1차 관문을 통과한 작품은 무려 아홉 편이나 되었다.

다른 매체와 '겹치기 투고' 작품을 논의의 대상에서 제외한 다음 「초당기행」(곽지원), 「만년설 1」(이운정), 「다운동 고분」(임석), 「길」(신수현) 등 네 편을 놓고 당락을 결정하게 되었다.

「만년설 1」은 은유의 문법 속에 시대정신을 가미했지만 속 시원한 카타르시스를 안겨주지는 못했다. 상징과 은유가 때로는 겉돌며, 발상법이 기발하지만 그 재기가 경이로움을 이끌어내지 못했다. 「초당기행」과 「다운동 고분」은 고전과 현대의 뒤섞임이라고 할까. 옛스러운 것과 새로운 것이 절묘하게 버무려져 있었다. 복고 스타일과 첨단 스타일, 발랄한 감성과 비판적 시각이 서로 뒤섞여 시적 긴장미를 연출해냈다. 그러나 뼈대있는 메시지와 서정성 곁들인 힘찬 목소리가 서로 행복한 악수를 해야 하는데, 그것이 그만 설득력을 지니지 못해 언어 유희로 흐르고 말았다.

당선작 「길」은 언어 조탁 능력이 탁월했다. 톡톡 튀는 맛은 없었으나 결코 서두는 기색을 보이지 않으면서 끈적거리는 점액질(粘液質) 같은, 언어의 찰기와 흡인력을 거느리고 있었다. 「겨울 나무에게」 「겨울 한계령에서」 등 당선자가 접수한 일련의 작품 곳곳에 녹아 있는 그 '풋풋한 감성'을 검출해내기란 그리 어려운 일이 아니었다.

숱한 굴절과 신산의 지난 세기를 넘어 새 천년을 펼치는 오늘 「길」을 만나게 된 것도 행복이라면 그지없이 오롯한 행복이라고 할 수 있다.

　　　　　　　　　　　　　　심사위원 : 이근배 · 윤금초

현상언

본명 玄根雨
1964년 강원도 춘천 출생
강원대학교 환경학과 졸업
강원대 환경공학과 대학원 재학중(박사과정)
1999년 제2회 공무원 문예대전 시조부문 최우수상
2000년 조선일보 신춘문예 시조 당선
강원도 춘천시 효자3동 17-3 강원도 보건환경연구원
E-mail:hgw@provin.kangwon.kr

● 조선일보 / 시조
봄, 유년, 코카콜라 뚜껑

□ 조선일보 시조 당선작

봄, 유년, 코카콜라 뚜껑

1

코카콜라 뚜껑이 버려진 잔디밭에
푸르름은 그들의 작업을 봄이라 부르며 땅 깊이 산발한 머리를 가지런히 빗고 있었다. 그들의 생명 위로 쓰레기가 버려져도 열심히 땅을 일구고 뿌리내릴 양분을 채워 주었다. 돋아나는 새순에 풀벌레 스며들면서 푸르름의 목소리는 한 뼘이나 커졌지만 빌딩숲을 이고 있는 숨가쁜 흙에서는 아늑한 숲의 향내가 새나올 수 없었다. 어느 날 문득, 푸르름의 어깨 위로 낯설고 고운 아이의 손길이 내려와 버려진 장난감 같은 코카콜라 뚜껑을, 진달래 꽃잎에 미끄러진 햇빛을 줍고 있었다.
겨울의 빨간 귓불에 피가 돌고 있었다.

2

끊임없이 표정 바꾸는 자화상을 그리며
봄아, 너는 투명한 손이다 아이처럼
흩어진 햇빛 조각을 이파리에 입히는.

□ 신작시 5편

손톱을 깎으며
—— 別離

곱게 짓이겨 물들인
봉선화 꽃물의 손톱을
그저 아무에게나 자랑하던 유년시절

이별과 눈물은 서로 딴 나라에 살았다.

온전히 우리를 향한
저문 강의 태양이
산 그림자를 따라 조금씩 지워지던 날

서로는 각자의 꽃빛이 아름답다고 믿었다.

낙엽비로 나리운
아스라한 손톱에는
사소한 오해의 연애수첩이 뜯어지고

가을과 구름은 서로 딴 얼굴을 붉혔다.

새벽의 빈 방

새벽이 꿈틀거린다 엊저녁 술이 과했는지
찡그린 두통에 아스피린이 걸려 있다.
위장과 창자로 연결된 자율기관에서는
갈증 해소를 원하는 것이다 포카리스웨트!
그림자 스멀거리는 낡은 전등을 켜고
한때는 카피라이터를 꿈꾸기도 했었지.

습관만 가을처럼 물드는 시월에
물 두 컵이 모자라 포도즙을 마신다.
영혼은 아스피린의 수혈을 거부하는데
머리, 그 속의 뇌, 그는 확실한 처방을 원한다.
보다 빠르게 혈관으로 흐르는 아스피린
몽유(夢遊)의 연속적인 주문을 집요하게 전송한다.

두통에 의해 무거운 발 떨리는 손
수화(手話)의 애처로움이 힘겨운 대항을 한다.
그들은 다른 처방을 내린다 너를 지켜줄 것은
빈 방 홀로 우는 초침소리 지금 네 곁에
곤히 잠들어 있는 기다림뿐이라고
하이얀 안개의 속살을 애무하는 불빛처럼.

카페를 나서며

내밀한 욕망들이 수면(水面)처럼 얼어붙는다.
화려한 네온사인에 유혹됐던 눈꽃의 거리
조금은 방만해진 사고(思考)와 불편한 악수를 나눈다.
그래, 그렇지 뭐, 알코올 흘리는 사내들은
자정(子正)을 게 걸음으로 흔들며 지나가고
본능인 채로 시들은 마른 낙엽만 인다.

맥주 한 병 값도 안 되는 시대를 보았니
술 권하던 친구의 기울어진 푸념은
한 봉지 귤을 사고 있다 "싸구려 사려 싸구려……"
어쩌면 내 몫이었거나 네 몫이었을
지금은 내리지 않는 눈의 축제가 기다려진다.
사선(斜線)을 더욱 기울어지게, 하는 세상은 싫다.

잊혀진 사랑이나 뜻밖의 편지에 관하여
새빨갛게 상기된 귓불을 매만지며
하늘엔 색색의 별들 화석처럼 깨어나고
별똥별 찾아 떠났던 순록 닮은 소년은
잿빛 전신주에 촛불처럼 등을 기대고
설원(雪原)의 산림 속으로 내달리던 생각을 한다.

눈사람 만들기 · 1
—— 1999. 12.

올해는 己卯년 내년은 庚辰년일 뿐
옛날부터 이슬을 먹고 자란 나무들은
내리는 눈꽃을 보듬고 얼굴 씻는 것이다.

초등학교 등교하는 아이의 눈빛이 빛난다
운동장에서는 벌써 큰 함성이 울려나온다.
더 이상 감정을 가식하지 않는다면 함박눈

말없는 네 몸뚱이에 소리를 불어넣어 주고
잠든 빛도 꺼내 뚝뚝 분질러서 발라주고
굴리고 또 굴리다 보면 모퉁이는 둥그렇게……

조금은 녹아야 잘 뭉쳐지는 눈덩이
입김 발라 패인 곳에 살갗을 덧붙이고
마침내 나뭇가지 꺾어 눈, 코, 입을 만든다.

> 이사갔음
> 신문사절
> ── 경비실

조용한 신문이 가지런히 쌓인다
한 달 넘도록 부지런히 전송되는
경제만 활개를 치는 활자의 ○○경제신문.

배달부는 엘리베이터에서 내리지 않았으리라
계절에 젖은 재빠른 습관처럼
한 발짝 내디딜 엄두를 내지 못하였으리라.

무서리가 내릴 것 같은 황량한 아파트에
오래 전부터 문패 대신 걸려 있는 쪽지
관찰을 못했거나 지울, 여유가 없었다거나 하는

그것은 습관의 또는 그의 잘못이기도 하다.
책임을 다한 사람은 경비실의 할아버지
주차할 때마다 푸르게, 흔들던 달빛의 손.

□ 당선소감 · 현상언

절망할수록 믿음을 가졌습니다

　다시 엄습하는 풍경이 있다면, 그것은 아마 대부분은 어둡고 습한 골방 같은 곳에서 느꼈던, 잊혀지지 않는 어떤 파편일 것인데 가끔은 나무판자 틈 사이로 비치는 빛도 있었을 것입니다. 나에게 있어 그것은 칙칙한 밤의 거리를 비추는 가로등으로부터 분리되어 옆으로 비낀 하찮은 빛의 흔적이거나, 가끔은 하늘을 일정한 궤도로 이동하는 노란 달빛 같은 추상도 있었을 것입니다. 만약 낮 동안을 쏘다니는 화려한(?) 방황이었다면 따스한 온기 같은 것이라도, 왜 그런, 옷을 한 겹 더 입지 않아도 되는 체온 같은 것도 느낄 수 있었을 것입니다. 그러나, 내 헐벗은 몸뚱이에 쓸리는 쓰라린 겨울의 칼바람, 그때마다 생각했지요. 절망한 만큼 믿음을 가져야 하지 않겠느냐고, 보다 부드러운 햇빛의 무엇이 찌그러진 사념들은 빗자루로 쓸어 담아주며 귓가를 간지럽혀줄 때까지 좀더 힘있게 살아야 하지 않겠느냐고, 당신이 나를 생각하는 만큼 꽃망울을 틔울 준비는 계속해야 하지 않겠느냐고 말입니다.
　다가가려고 하면 저만큼 멀고 이제는 아니라고 체념하면 내 어깨를 두드리곤 하던 언어들, 꿈속에서나 깨어 있을 때나 항상 내 곁에 머물렀다는 생각이 듭니다.
　언제나 함께인 아내에게 고맙다는 말 천만 송이 장미다발로 전합니다.

□ 심사평 · 조선일보 시조

시조문학의 새물결 이끌 '젊은 피'

　21세기 시조문학의 큰 물줄기를 이끌어갈 '젊은 피'는 누구일까. 「겨울 東江」(나홍), 「망포리 시편 1」(박지현), 「연어」(최영효), 「전설」(김종길), 「소래포구에서」(유종인)이 남다른 개성과 참신성을 드러냈다.
　단연 도드라진 작품은 현상언 씨의 「삼엽충」과 「봄, 유년, 코카콜라 뚜껑」두 편. 한 사람의 두 작품을 놓고 어느 것을 '간택'할지 오래 고심했다. 「삼엽충」은 유장한 호흡을 유지하고 있었지만, 군데군데 표현의 상투성을 걷어내지 못했으며, 어깨에 너무 힘이 실려 있었다. 당선작 「봄, 유년…」은 한창 변화-발전을 모색하고 있는 시조문학의 새 물결을 이끌어갈 누벨 바그 계열에 드는 작품이다. 사설시조+평시조로 이루어진 당선작은 이른바 '옴니버스 시조'를 시도한 것이다.
　오늘의 첨예한 관심사인 생태환경 문제를 다루면서 푸르름(봄), 고운 아이의 손길(유년), 버려진 쓰레기(코카콜라 뚜껑)의 이미지를 절묘하게 중첩시켜 평면구조가 아닌 다층구조의 시문맥을 일구어내고 있다. 새로운 세기의 희망이랄 수 있는 아이가 소비문화의 상징인 코카콜라 뚜껑을 줍고, 진달래 꽃잎에 미끄러진 햇빛을 줍는 등 당선작에 녹아든 그 이미저리는 놀랍도록 아름답다.

　　　　　　　　　　　　　　　　　　　　심사위원 : 윤금초

<시>김규진 김성용 박성우 이기인 이덕완 이승수
정진경 조정 최영신 최운
<시조>손정아 송필란 신수현 현상언

2000년 신춘문예 당선시집

초판 1쇄 발행일 · 2000년 1월 15일

지은이 · 김규진 외
펴낸이 · 김종해
펴낸곳 · 문학세계사

주소 · 서울시 마포구 신수동 345 - 5(121 - 110)
전화 · (02)702 - 1800, 702 - 7031~3
팩시밀리 · (02)702 - 0084
출판등록 · 제21 - 108(1979. 5. 16)

값 7,500원

ISBN 89 - 7075 - 182 - 3 03810
ⓒ 문학세계사, 2000